Gutes essen, besser leben

NATÜRLICH

Gutes essen, besser leben – das heißt: natürlich essen in feinster Bio-Qualität. Diese Qualität erlaubt keine Kompromisse, weder beim Anbau noch bei der Verarbeitung in der eigenen Küche. In unseren erprobten und durchdachten Rezepten zeigen wir Ihnen, wie Sie sich ganz einfach mit hochwertigen und natürlichen Lebensmitteln lecker, zeitgemäß und rein pflanzlich ernähren können. Und wir sind überzeugt: Je mehr man gute Lebensmittel für die tägliche Ernährung wählt, desto mehr steigt das körperliche Wohlbefinden. Und der natürliche Geschmack hochwertiger Lebensmittel wird Sie begeistern!

NACHHALTIG

Gutes essen, besser leben – das hat für uns mit nachhaltigem Anbau zu tun. Das bedeutet, dass mit dem Boden, auf dem Lebensmittel angebaut werden, ressourcenschonend umgegangen wird. Diese Bemühungen möchten wir durch den Kauf von entsprechenden Produkten unterstützen. Einerseits möchten wir dadurch Anstrengungen auf dem Gebiet der nachhaltigen Landwirtschaft honorieren, andererseits glauben wir aber auch, dass der Verzehr hochwertiger Lebensmittel entscheidend dazu beiträgt, wertschätzend mit sich selbst umzugehen. So gewinnen alle – Menschen, Tiere und Umwelt.

NATÜRLICH • NACHHALTIG • PERSÖNLICH • GANZHEITLICH

Koch werte

PERSÖNLICH

Gutes essen, besser leben – das sieht bei jedem anders aus. Jeder Mensch hat seine Vorlieben, vielleicht auch Einschränkungen durch Unverträglichkeiten. Selbst wenn man gut für das eigene Wohl sorgt, bleiben doch Auswirkungen auf die Umwelt und Mitmenschen nicht aus. Die daraus erwachsende Verantwortung kann durch gezielten Konsum von zum Beispiel fair gehandelten Produkten wahrgenommen werden. Jeder Verbraucher ist in der Lage, durch sein Kaufverhalten entscheidenden Einfluss auf Erzeugung, Produktion und Verarbeitung von Lebens- und Nahrungsmitteln zu nehmen.

GANZHEITLICH

Gutes essen, besser leben – das bedeutet, über den Tellerrand zu schauen. Unsere Entscheidungen beeinflussen nicht nur unser unmittelbares Umfeld. Ganzheitlich zu denken und zu handeln bedeutet, die globalen Auswirkungen zu begreifen, die wir durch unseren Lebensmitteleinkauf hervorrufen. Wir können durch die Kaufentscheidungen, die wir tagtäglich im Supermarkt oder im Bioladen treffen, Beiträge zu einer gerechten und harmonischen Welt leisten. Und das ist die Welt, in der wir leben möchten, und auch die Welt, die wir für alle Kinder dieser Welt schaffen möchten.

"Mögen alle Menschen, die dieses Backbuch in den Händen halten, ermutigt werden, sich einer natürlichen Ernährung zuzuwenden!" Renate Kerner

VND

VEGETARISCH PUR

VEGAN BACKEN

KUCHEN & SÜSSES MIT REISSIRUP

SOJAFREI / GLUTENFREI / WEIZENFREI

Inhaltsverzeichnis

Vorwort ... 6

Küchenutensilien ... 7

Austauschtipps ... 7

Qualitätsanspruch ... 8

Torten, Kuchen & Crumble

Himbeertorte ... 15

Apfel-Weingelee-Kuchen (ohne Backen) ... 16

Erdbeertorte mit Mandelpudding ... 19

Süßer Avocadokuchen mit Melone (ohne Backen) ... 21

Mangocreme-Torte ... 23

Erdbeeren auf Mandelboden ... 24

Mandelboden mit Kokos-Mango-Creme ... 25

Waldfruchttorte mit Mandelcreme ... 26

Bananenkuchen (ohne Backen) ... 29

Zwetschgenkuchen ... 30

Apfel-Marzipankuchen ... 33

Hefekuchen mit Äpfeln vom Backblech ... 35

Mohnkuchen mit Rosinen ... 36

Dunkler Rührkuchen mit Kirschen ... 39

Möhren-Nusskuchen ... 41

Gewürzkuchen ... 42

Nuss-Tarte ... 45

Grapefruit auf Mürbeteigboden ... 47

Birnen-Crumble mit Schokostreuseln ... 48

Aprikosen-Crumble ... 51

Gebäck

Muffins mit Cranberrys ... 53

Möhren-Apfel-Muffins ... 53

Zitronenmuffins mit Zitronenguss ... 54

Schokomuffins ... 57

Nussecken ... 59

Gebackene Nussriegel ... 61

Gebackene Ananasriegel ... 62

Mandelkekse ... 65

Kugeln & Konfekt

Gebackene Kokoskugeln ... 62

Ananaskugeln ... 68

Haselnusskugeln mit Aprikosen ... 68

Amarant-Mango-Kugeln ... 69

Aprikosenkugeln ... 69

Feigenkugeln mit Cashewkernen ... 70

Nuss-Gewürzkugeln ... 70

Fruchtkugeln 71

Nuss-Schokoladenkugeln 71

Cranberrykonfekt 73

Mandelkonfekt 73

Waffeln & Pfannkuchen

Waffelrezept mit Bananen 75

Waffelrezept mit Apfelmus 77

Süße Pfannkuchen mit Mandelcreme und Erdbeeren 78

Desserts

Pflaumen-Zimt-Kompott 76

Apfelmus selbstgemacht 77

Süße Schichten im Glas 81

Süßer Kokostraum mit Ananas 83

Rote Grütze 83

Süßer Milchreis mit frischem Obst 85

Schokopudding mit Zitronensoße (ungekocht) 85

Pannacotta mit Himbeersoße 86

Eis & Sorbet

Cashew-Eis 76

Zitronensorbet 88

Erdbeereis 88

Schokoeis 89

Vanilleeis 89

Grundrezepte

Weinsoße 30

Marzipangrundmasse 90

Mandeldrink 90

Impressum 91

Kochwerte.de 92

Buchempfehlung 93

Tipp zum Backen

Bei der Angabe der Backtemperatur und Backdauer sind wir von einem Backofen mit Umluft und gutem Backverhalten ausgegangen. Passen Sie gegebenenfalls die Backtemperatur und die Zeit an das Backverhalten Ihres Herdes an.

Legende

TL – Teelöffel	EL – Esslöffel	Msp – Messerspitze
g – Gramm	kg – Kilogramm	
ml – Milliliter	l – Liter	

Vegetarisch Pur Kuchen & Süßes

vegetation – vegetare – vegetarisch pur

Dieses Buch über Kuchen und andere Leckereien gehört zur Reihe VEGETARISCH PUR. Das macht es zu etwas Besonderem: Eine Rezeptsammlung, die Ihnen großartige Genüsse bieten will, dabei möglichst auf vollwertige Lebensmittel setzt und frei von Tierprodukten ist. Der Name der Reihe besinnt sich auf den Wortursprung von vegetarisch, der im englischen Wort "vegetation", Pflanzenwelt, liegt. VEGETARISCH PUR bezeichnet somit eine rein pflanzliche Ernährung. Das Ziel von VEGETARISCH PUR ist es, zu einer Ernährungsform zu finden, die dem alten lateinischen Verb "vegetare", beleben, nahekommt: Essen, das mehr als satt macht. Essen, das uns belebt! Was könnte köstlicher sein?

Dafür ist die Auswahl der Zutaten immer entscheidend, bei Kuchen und Süßspeisen jedoch besonders die Wahl des Süßungsmittels: Wie ist es um dessen Nachhaltigkeit bestellt? Wie wird unser Stoffwechsel beeinflusst – kurz gesagt: Wie steht es um Kuchen und Süßspeisen, die sich VEGETARISCH PUR nennen dürfen?

Zurück zum natürlich Besonderen

Ab und zu verlangt das Leben danach, gefeiert zu werden. Gerade wenn Gäste erwartet werden, möchte man ihnen ganz praktisch die Freude zeigen, die man über ihren Besuch empfindet. Ein gelungener Nachtisch gehört für die meisten zu einer Einladung. Oder man möchte dem Sonntag mit seinen Lieben daheim eine Krone aufsetzen – Kuchen und Desserts sind ein Zeichen von Lebensfreude, die man gern mit anderen teilt. Und wodurch ließe sich das schneller oder besser erreichen als durch Kuchen, Torten, süße Tartes, Waffeln, Eis und Pfannkuchen, Pralinenkugeln oder Pudding? Unsere Sinne wollen ab und zu verwöhnt werden.

Auch in diesen Fällen sind Pflanzen die beste Grundlage, um sich etwas mehr zu gönnen. Natürlich sind Nachspeisen kalorienreicher als andere Mahlzeiten. Deshalb haben wir uns bewusst mit dem Thema Süße beschäftigt und das Für und Wider gegeneinander abgewogen. Wir glauben, dass Sie tierproduktfreie, vollwertige Kuchen und Desserts ohne Reue und starke Schwankungen Ihres Blutzuckerspiegels genießen können.

Vegetarisch Pur Kuchen & Süßes enthält Rezepte, die die Ansprüche von Kochwerte im Bereich Kuchen und Süßes praktisch umsetzen. Denn auch diese gehören zur Fülle des Lebens.

Wir wünschen Ihnen viel Freude und vor allem Genuss bei der Umsetzung!
Ihre Renate Kerner und das Team von Kochwerte

Utensilien, die zum Backen benötigt werden:

- ✔ Rührschüsseln (verschiedene Höhen)
- ✔ Handrührgerät mit Rührbesen und Knethaken*
- ✔ Stabmixer
- ✔ Multizerkleinerer
- ✔ verschiedene Backformen
- ✔ bodenloser Metall-Backring
- ✔ Teigschaber
- ✔ Küchenreibe, grob und fein
- ✔ Waage
- ✔ Meßbecher
- ✔ Schneebesen

Utensilien, die die Erstellung von Kuchen und Süßspeisen zusätzlich erleichtern:

- ✔ Eismaschine
- ✔ Löffelwaage
- ✔ Getreidemühle

Austauschtipps:

✔ Reissirup kann immer durch Agavendicksaft ersetzt werden.

✔ Reissirup kann einfach durch die gleiche Menge Vollrohrzucker ersetzt werden, wenn es im Rezept so angegeben ist.

✔ In einigen Rezepten finden Sie in unserem "Austauschtipp" nähere Angaben zum Austausch von Reissirup durch Vollrohrzucker.

✔ In einigen Rezepte finden Sie keinen Austauschtipp.

* In den Rezepten, in denen wir von der Anwendung eines Rührgerätes sprechen, ist immer das Rühren mit Rührbesen gemeint. Die Anwendung von Knethaken ist im Rezept separat ausgewiesen.

Die Auswahl der Zutaten beim Backen nach dem Kochwerte-Qualitätsanspruch

- ✔ Maximal frische Lebensmittel
- ✔ Minimal verarbeitete Zutaten
- ✔ Hochwertige Fette und Öle
- ✔ Keine künstlichen E-Stoffe

Unsere Kochwerte NATÜRLICH, NACHHALTIG, PERSÖNLICH und GANZHEITLICH sind der Ausgangspunkt aller unserer Rezepte – sie definieren, was Qualität für uns ausmacht. Auch für Kuchen und Süßspeisen lohnt es sich, genau auf die Zutaten zu schauen, die man auswählt. Denn sie bilden nur den krönenden Abschluss einer gelungenen Mahlzeit, wenn ihr Geschmack wirklich voll, nuancenreich und verführerisch ist. Wie befriedigend hochwertige Nachspeisen tatsächlich sein können, muss man selbst erlebt haben!

Deshalb haben die folgenden Einkaufsüberlegungen ein doppeltes Ziel: Sie sollen Sie in die Lage versetzen, eigenständig die Lebens- und Nahrungsmittel auszuwählen, die höchsten Qualitätsansprüchen genügen, und – darauf aufbauend – die Merkmale hervorheben, von denen das Aroma der Gerichte abhängt. Dabei weisen wir auch auf die Eigenschaften hin, die problematisch sein könnten; denn Süßes herzustellen ist ein Balanceakt zwischen möglichst naturbelassenen Zutaten einerseits und Geschmack und Vielfalt andererseits. Die eigenständige Zubereitung von Süßigkeiten belohnt jedoch mit unvergleichlichen Genüssen! Es lohnt, unsere Einkaufsrichtlinien für die Auswahl von Kuchen- und Dessertzutaten zu beherzigen. Sie bieten Ihnen gleichzeitig eine Übersicht über die verwendeten Ausgangsprodukte.

Getreide und Mehle

Mehl aus frisch vermahlenem Getreide stellt ein minimal verarbeitetes Lebensmittel dar, welches dem Stoffwechsel keine Vitalstoffe vorenthält. Für Kuchen und andere Backwaren ist die Auswahl des richtigen Mehls von zentraler Bedeutung. Getreide sollte in Vollkornqualität, also mit den wertvollen Randschichten, verarbeitet worden sein. In der konventionellen Produktion von Backwaren stellt Weizen den Hauptakteur dar. Seine guten Backeigenschaften hängen aber direkt mit seinem hohen Glutenanteil zusammen, den wir als nicht gesundheitsförderlich einstufen (s.u.). Deswegen möchten wir Ihnen Alternativen anbieten. Wir empfehlen generell, auf andere, glutenfreie Sorten umzusteigen. Unter den Pseudogetreiden nimmt

Reis eine besondere Stellung ein, weil sein Mehl mit neutralem Geschmack sehr gut für süße Backwaren geeignet ist. Buchweizenmehl verleiht Backwaren hingegen eine kräftige Note, was auch sehr reizvoll sein kann. Amarant- und Hirsemehl wiederum bringen neben wertvollen Inhaltsstoffen ein nussiges Aroma mit sich. Amarant kann auch gepufft für Süßspeisen verwendet werden, zum Beispiel als knusprige Schicht um süße Kugeln.

Nusskerne

Neben Obst und einigen Gemüsesorten spielen Nüsse bei vegetarisch puren Kuchen und Süßspeisen eine große Rolle. Mandel-, Cashew- und Walnusskerne liefern hochwertige Fette sowie wertvolle Inhaltsstoffe und Vitamine. Sie stellen eine hervorragende Grundlage für die Herstellung von Drinks dar (Grundrezept Mandeldrink siehe Seite 90), die wiederum die Basis für Pudding und Eiskreationen bilden. Nüsse verleihen allen Süßspeisen eine größere geschmackliche Tiefe.

Hochwertige Fette und Öle

Öle sollten – auch beim Backen – unraffiniert und nicht desodoriert sein; Fett kann ein wertvoller Geschmacksträger sein, sofern es bewusst hochwertig ausgewählt wurde. Wir empfehlen naturbelassene Pflanzenöle aus kalter Pressung und biologischem Anbau. Vermeiden Sie alle Nahrungsmittel, in denen gehärtete Fette verarbeitet wurden; das gilt besonders für Kekse und süßes Gebäck. Allein deshalb empfiehlt es sich, diese Köstlichkeiten selbst zuzubereiten. Für ihre Zubereitung verwenden wir in unseren Rezepten vor allem kaltgepresste Öle oder Kokosfett. Ungehärtetes Kokosfett beziehungsweise Kokosöl ist sehr hitzestabil und hält auch Temperaturen über 200 °C aus, ohne giftige Transfettsäuren zu bilden. Das macht es attraktiv für die Zubereitung von Backwaren. Kokosprodukte stammen jedoch leider oft aus bedenklichem Raubbau in Monokulturen, deren Erzeuger keine fairen Preise erhalten. Wir achten beim Kauf auf biologisch und sozial verträglichen sowie nachhaltigen Anbau. Wir freuen uns darüber, dass es Händler gibt, die Kokosfett und Kokosöl fair gehandelt anbieten.

Ungehärtetes Kokosfett und Kokosöl können einen wertvollen Beitrag zu einer pflanzlichen Ernährung leisten, weil sie über viele darmfreundliche Fettsäuren verfügen und dadurch eine verbesserte Nährstoffaufnahme gewährleisten. Ihr Aroma passt außerdem hervorragend zu vielen Nachspeisen.

Keine künstlichen E-Stoffe

In vielen verarbeiteten Nahrungsmitteln kommen Zusätze vor, die entweder chemischen oder tierischen Ursprungs sind. Wer streng VEGETARISCH PUR leben möchte, sollte über das Thema "tierische Zusatzstoffe" gut informiert sein. Zum Beispiel verbergen sich hinter E 120 (Cochenille-Rot), E 901 (Bienenwachs), E 904 (Schellack) und E 913 (Lanolin/Wollwachs/Wollfett) auf jeden Fall Zusätze tierischen Ursprungs.

Unter den E-Nummern gibt es allerdings auch einige unbedenkliche, natürliche Stoffe, wie zum Beispiel Agar-Agar (E 406) und Johannisbrotkernmehl (E 410).

Obst

Im Bereich der Nachspeisen gilt es vor allem, Obst möglichst saisonal und regional zu kaufen. Denn frische und reife Früchte strotzen vor Geschmack und Vitalstoffen – an sich schon die perfekten Nachspeisen von Mutter Natur!

Kurze Transportwege sorgen dafür, dass Obst nicht unreif vor seiner Zeit geerntet werden muss. Sie finden solche Früchte auf dem Wochenmarkt, direkt beim Erzeuger, im Biomarkt oder vielleicht sogar im eigenen Garten. Es lohnt sich natürlich auch, diese wunderbaren Nachspeisen mit weiteren Zutaten zu kombinieren, um ausgefallenere Genüsse zu kreieren.

Ob pur genossen oder in einem Dessert verwendet: Kaufen Sie Obst und Früchte in bester biologischer Qualität, um eine Belastung mit Pestiziden zu vermeiden. Jede Frucht sollte ihren eigenen Charakter haben, der sich in Form und Aroma von ihren Schwestern unterscheidet – anders als die uniformierte Massenware in den Auslagen vieler Supermärkte. Durch eine bewusste Auswahl unterstützen Sie gleichzeitig Betriebe, die verantwortungsbewusst und nachhaltig wirtschaften. Lebensmittel, die nicht im europäischen Raum angebaut werden können, sollten aus fairem Handel erworben werden, um Ausbeutung an Land oder Menschen zu verhindern.

Gewürze

Gewürze verleihen Kuchen und anderen Nachspeisen das gewisse Etwas. Wir raten, Ware in biologischer Qualität zu kaufen; Einzelgewürze sind unserer Ansicht nach die optimale Wahl. Wir verwenden in unseren Rezepten vor allem gemahlenen Kardamom, Zimt und Nelken. Echte Bourbon-Vanille ist in jedem Fall synthetisiertem Vanillin vorzuziehen! Falls Zitronenabrieb für eine Nachspeise erforderlich ist, benutzen Sie bitte die Schalen biologisch gezogener Zitrusfrüchte. Ab und zu wird Wein in diesem Buch zum Aromatisieren von Desserts verwendet. Achten Sie beim Kauf auf biologische Herstellung und darauf, dass der Wein ohne Tierprodukte geklärt wurde.

Hefe und Backtriebmittel

Wir verwenden vegane Trockenhefe in unseren Rezepten. Hinzu kommen Agar-Agar und Johannisbrotkernmehl, die eine Schlüsselrolle bei der Zubereitung vegetarisch purer Nachspeisen einnehmen: Agar-Agar ist ein Bindemittel, das seine Wirkung durch einmaliges Aufkochen und darauffolgende Kühlung entfaltet. Die gemahlenen Kerne des Johannisbrotbaumes stabilisieren, verdicken und binden auf natürliche Weise Mehle, Backwaren und andere Desserts. Wir empfehlen außerdem, nur hochwertiges Weinsteinbackpulver zu verwenden.

Fazit Die Auswahl der Zutaten entscheidet über den Geschmack Ihrer Kuchen und Ihrer Süßspeisen. Wer etwas Besonderes für sich möchte, der sollte auf Qualität bestehen. Unsere Richtlinien können Ihnen im Alltag Hilfestellung geben, um die entsprechenden Zutaten auszuwählen. Sie lassen sich natürlich auch auf verarbeitete Nahrungsmittel anwenden. Alle aufgeführten Zutaten sollten Ihnen einzeln als Lebensmittel bekannt sein.

Die süße Seite des Lebens

Ein Buch über Kuchen und Süßspeisen zu schreiben ist ein Balanceakt, wenn man wie wir den Anspruch aufrecht erhalten möchte, neben dem Geschmack auch den Bedürfnissen des Körpers entgegen zu kommen. Oft werden Süßspeisen hingegen unbewusst einfach nur konsumiert. Dieser stetige, schrankenlose Konsum ist der Feind wahren Genusses und echten Schlemmens.

Wir empfehlen, das Leben bewusst zu versüßen. Die wichtigste Entscheidung, die Sie bei der Zubereitung von Kuchen und Süßspeisen fällen müssen, ist die Auswahl Ihres Süßungsmittels. Konventionelle Produkte beeinflussen den Stoffwechsel negativ und können zu Heißhungerattacken führen. Dazu zählt nicht nur der weiße Haushalts- beziehungsweise Kristallzucker, sondern auch Saccharose, Dextrose, Glukose, Glukosesirup, Maltose und Maltodextrin – und sämtliche andere Namen, die verschiedenen Zuckerarten gegeben wurden.

Fruktose und Fruktosesirup stellen den menschlichen Körper sogar noch vor ein zusätzliches Problem: Neben dem ungünstigen Einfluss auf den Blutzucker und das Hormon Insulin, das diesen reguliert, beeinflusst Fruktose das Hungerhormon Ghrelin nicht. Das bedeutet, dass Fruktosekonsum dem Gehirn nicht so klar wie der Verzehr von Glukose signalisiert, dass der Körper satt ist. Außerdem gibt es immer mehr Menschen, die Fruktose generell nicht vertragen.

Wir haben uns mit der Palette möglicher Süßungsmittel auseinandergesetzt und eine Auswahl getroffen, die uns sinnvoll und geschmacklich ansprechend erscheint. Es gibt kein Produkt, das wir generell für alle Rezepte empfehlen möchten; wir bieten Ihnen in der Regel innerhalb der Rezepte Varianten an, die möglich und lecker sind. Unsere Wahl erhebt keinen Vollständigkeitsanspruch, wurde aber mit Hilfe von intensiver Recherche und Austesten getroffen. Welche Möglichkeiten, verantwortungsbewusst zu süßen, stehen uns also zur Verfügung?

Zucker

Weißen Zucker, auch Haushaltszucker genannt, sollte man generell vermeiden, weil er seiner Vitalstoffe beraubt wurde. Wir verwenden unraffinierten Vollrohrzucker – auch als Mascobado-Zucker bekannt – aus fairem und biologischem Handel, der noch einen großen Teil der Vitamine und Mineralstoffe des Zuckerrohrs enthält. Tatsächlich gehört diese Zuckerart zu den am wenigsten verarbeiteten: Der Saft des Zuckerrohrs wird eingedickt, danach getrocknet und gemahlen. Mineralstoffraubendes Bleichen oder Raffinieren fallen hingegen weg. Es bleibt ein karamellartiger und charakteristischer Eigengeschmack.

Birkenzucker

beziehungsweise Xylit – oder nach der chemischen Verbindung Xylitol – genannt, machte in den letzten Jahren als Zuckerersatz Furore. Positive Aspekte des Xylits sind, dass er von unserem Organismus schlechter als Haushaltszucker verwertet wird und dementsprechend weniger Kalorien enthält. Er beeinflusst kaum den Blutzuckerspiegel, hat erheblich weniger Kalorien als vergleichbare Süßungsmittel, ist außerordentlich zahnschützend und sein Geschmack ist neutral.

Bei Xylit sollte man auf die Herkunft achten: Denn es kann nicht nur aus Birkenrinde, sondern auch aus Maisabfällen gewonnen werden.

In jedem Fall handelt es sich bei Xylit um ein aus unserer Sicht hochverarbeitetes Produkt.

Dicksäfte und Sirup

Vom Nischenprodukt zum Verkaufsschlager hat sich der Agavendicksaft gemausert. Sicherlich wegen seines angenehmen Geschmacks. Die enorme Absatzsteigerung hat ihren Tribut gefordert. Der heutige Anbau der

Agavenpflanzen und die Gewinnung des Agavensaftes entspricht inzwischen der Produktion anderer industriell verarbeiteter Nahrungsmittel: Raubbau an der Natur inklusive Pestizidrückständen im Endprodukt und viele Verarbeitungsstufen, bei denen sogar Chemikalien und gentechnisch veränderte Enzyme mitmischen sollen. Bedenklich ist außerdem der hohe Fruktoseanteil von etwa 80%. Wer Fruktose nicht verträgt, sollte gänzlich auf Agavendicksaft verzichten. Auch wer auf sein Gewicht achten möchte, sollte Agavendicksaft sparsam einsetzen! Falls Sie nicht auf Agavendicksaft verzichten möchten, wählen Sie in jedem Fall ein biologisch hergestelltes Produkt.

Diejenigen, die anstelle von Reissirup Agavendicksaft verwenden möchten, beachten bitte unsere Austauschtipps auf Seite 7.

Dicksaft lässt sich auch aus heimischen Äpfeln und Birnen gewinnen. Wer Apfel- und Birnendicksaft in biologischer Qualität kauft, darf sich über ein wenig verarbeitetes Süßungsmittel freuen. Er besitzt eine milde Süßungskraft mit fein säuerlicher Note.

Reissirup wartet mit einigen sehr attraktiven Eigenschaften auf: Er wird nur langsam verdaut und beeinflusst deshalb den Blutzuckerspiegel sanft und moderat. Er enthält keinerlei Fruktose, dafür aber viele Mineralstoffe. Er wird aus erwärmtem und anschließend fermentiertem Reis gewonnen. Sein Aroma ist fein und mild, seine Konsistenz mit Honig vergleichbar. Da er nicht so stark süßt, muss man die verwendete Menge gegebenenfalls erhöhen.

Früchte und Pflanzen

Natürlich lässt sich auch mit Hilfe von Früchten süßen. Trockenobst, insbesondere Datteln und Aprikosen, stellen dafür eine gute Grundlage dar. Man kann Trockenfrüchte direkt oder eingeweicht für Kuchen, Süßspeisen oder zum Süßen von Nussdrinks verwenden. In unseren Rezepten finden Sie einige Ideen dazu. Bitte kaufen Sie ungeschwefelte und ungezuckerte Ware.

Dies sind die von uns ausgewählten Süßungsmittel. Und es gibt natürlich noch weitere. Viele werden sich fragen, warum wir kein Stevia verwenden. Dies liegt vor allem daran, dass uns das lakritzähnlich anmutende Aroma nicht mundet. Bei Steviapulver handelt es sich aus unserer Sicht um ein stark verarbeitetes Produkt. Sicherlich bieten Steviablätter eine gute Option, um Tee oder andere Getränke natürlich zu süßen. Außerdem ist es sicherlich eine hervorragende Alternative zu synthetischen Süßstoffen.

Fazit

Unsere Hauptkriterien für die Auswahl eines Süßungsmittels sind: Erstens ein möglichst geringer Verarbeitungsgrad und zweitens ein lediglich schwacher Einfluss auf den Blutzuckerspiegel.

Reissirup gehört zu unseren Favoriten und ist zudem noch fruktosefrei.

Wir wünschen Ihnen viele Gründe zu feiern und diese Anlässe durch selbst zubereitete Kuchen und Süßspeisen zu genießen!

Erfreuen Sie sich an der süßen Seite des Lebens!

Und entscheiden Sie für sich selbst, welche Süße am besten in Ihr Leben passt!

Warum kein Weizen und kein Soja?

Weizen ist ein Getreide mit langer Tradition, und es von einem rein pflanzlichen Speiseplan zu verbannen, wirkt unangemessen und übertrieben. Vollkorngetreide gilt als sehr gesund, als idealer Baustein einer ballaststoffreichen Ernährung. Bei diesem Getreide gibt es eine weit ausdifferenzierte Produktpalette: Brot, Backwaren und Nudeln enthalten natürlich Weizen; Couscous und Seitan sind traditionelle Weizenprodukte; die meisten süßen oder salzigen Knabbereien enthalten ihn. Neben Paniermehl und Frühstücksflocken tritt Weizen aber auch als Zusatzstoff in verarbeiteten Lebensmitteln auf: Emulgatoren, Stärke, Verdickungsmittel, Stabilisatoren, Backtriebmittel und Füllstoffe werden oft aus Weizen hergestellt.

Allerdings ist Weizen ein glutenhaltiges Korn. Glutenunverträglichkeit ist nicht nur ein Problem für Menschen, die von Zöliakie betroffen sind – es gibt auch Stimmen, die darauf hinweisen, dass ein Glutenverzicht allen Menschen aus gesundheitlichen Gründen zu empfehlen sei. Dies gelte umso mehr, seit der traditionelle Weizen in den 1960er und 70er Jahren von einem ertragsstarken Zwergweizen verdrängt wurde. Dieser enthält anscheinend mehr und aggressiveres Gluten. Dieses Klebereiweiß steht im Verdacht, die Resorptionsfähigkeit des Darms einzuschränken, indem es ihn verklebt.

Bei Soja und Weizen ist es einfach, die hier aufgezeigten Bedenken von der Hand zu weisen. Doch wir meinen: Das eigene Wohlergehen sollte es Wert sein, sich selbst – jenseits der Werbemeinung – in Bezug auf Soja und Weizen zu informieren.

Soja gilt in der vegetarischen Ernährung als guter Eiweißlieferant und es widerspricht sicherlich der allgemeinen pflanzlichen Ernährungspraxis, es nicht in die tägliche Kost mit einzubeziehen. Der Sojaanbau ist ein großes und sicheres Geschäft, das immer noch wächst: Neben Öl, Milch, Eis und Quark aus Soja wird das isolierte Eiweiß der Bohne zu Fleischersatz verarbeitet. Sojalecithin findet sich als ein Emulgator in fast allen verarbeiteten Produkten. Es wird als Pflanzenöl, pflanzliches Protein, pflanzliches Fett, Lecithin, Leguminosenmehl oder E 322 deklariert und ersetzt hochwertigere (und kostspieligere) Zutaten wie zum Beispiel Kakaobutter, wenn es darum geht, Schokolade und Aufstriche cremig zu machen.

Ursprünglich war die Sojabohne eine Düngepflanze, die den Boden für andere Pflanzen aufwerten sollte. Ihr verlässliches Wachstum veranlasste die Menschen dazu, sie durch Züchtung für ihr Vieh und schließlich für sich selbst nutzbar zu machen. Ihr hoher Ölanteil verhalf ihr von Amerika ausgehend zum Durchbruch. Interessanterweise tauchten gleichzeitig mit dem sprunghaften Anstieg der Sojaverwendung vermeintliche Beweise auf, dass diese Produkte auch noch gesundheitsfördernd seien. Inzwischen melden sich hingegen immer mehr kritische Stimmen, die der angeblichen Wunderbohne unterstellen, gesundheitsschädlich statt gesundheitsförderlich zu sein.

Weiterführende Literatur zum Thema:

- "Der Sojawahn" von Norbert Suchanek
- "Die Weizenwampe" von Dr. med. William Davis
- "Lebensmittel" von Michael Pollan

INFORMATIONEN
und Empfehlungen zu Süßungsmitteln finden Sie ab Seite 10.

HINWEIS Für den Mandelpudding sollte man bei der Verwendung von Reissirup bleiben.

Von der Verwendung von Vollrohrzucker raten wir beim Mandelpudding und der Himbeermasse aus optischen Gründen ab. Der Pudding und die Himbeermasse würden eine dunklere Farbe und einen eher karamellartigen Geschmack bekommen. Da es bei dieser Empfehlung jedoch nur um die Optik geht, kann letztendlich jeder für sich die passende Süße wählen.

GUT ZU WISSEN Wenn frische Himbeeren verwendet werden, wird das Wasser mit einigen Himbeeren und den angegebenen Zutaten aufgekocht. Die restlichen Himbeeren werden nach dem Kochen dazugegeben und alles noch einmal kurz aufgekocht.

TIPP Vor dem Erkalten der Himbeermasse kann die Süße der Masse überprüft werden. So ist Nachsüßen nach eigenem Geschmack möglich!

Himbeertorte

ZUTATEN

Für den Tortenboden:

- 125 g Mandelkerne
- 125 g Walnusskerne
- 100 g Reissirup
- 50 g Olivenöl (kalt gepresst)
- 50 g Mandelmus (weiß)

Für den Mandelpudding:

- 750 ml Mandeldrink (Rezept siehe Seite 90)
- 100 g Reissirup
- 75 g Reisstärke
- 3 g Agar-Agar

Für die Himbeermasse:

- 900 g Himbeeren (tiefgefroren, ungezuckert)
- 500-600 ml Wasser
- 100 g Reissirup
- 6 g Agar-Agar
- 5 g Johannisbrotkernmehl

AUSTAUSCHTIPP Für den Tortenboden kann der Reissirup durch die gleiche Menge Vollrohrzucker ersetzt werden.

ZUBEREITUNG TORTENBODEN

1. Mandeln und Walnüsse in einer Moulinette o. Ä. fein zerkleinern. Mandel- und Walnussmehl in eine Schüssel geben und mit Reissirup, Olivenöl und Mandelmus mit einem Handrührgerät verrühren.

2. Einen bodenlosen Metall-Backring (ca. 26 cm Durchmesser) auf ein mit Backpapier belegtes Backblech stellen, den Teig gleichmäßig darin verteilen und im vorgeheizten Backofen bei 180 °C 25 Minuten backen.

3. Den Tortenboden nach der Backzeit zum Auskühlen auf einen Backrost stellen. Wichtig: Den Tortenboden im Backring belassen.

4. Nach dem Auskühlen den Backring anheben, das Backpapier vom Tortenboden abziehen und den Boden auf eine Tortenplatte setzen.

ZUBEREITUNG MANDELPUDDING

5. Alle Zutaten für den Mandelpudding in einem Kochtopf vermischen, unter Rühren aufkochen und 2-3 Minuten köcheln lassen.

6. Den Pudding auf Zimmertemperatur abkühlen lassen, anschließend auf dem Tortenboden verteilen und kühl stellen.

ZUBEREITUNG HIMBEERMASSE

7. Himbeeren in einer Rührschüssel auftauen lassen.

8. Den ausgetretenen Saft abschütten, auffangen und mit Wasser auf 600 ml auffüllen.

9. Das Himbeerwasser in einen Kochtopf geben, die weiteren Zutaten in die Flüssigkeit einrühren und unter Rühren 2 Minuten kochen lassen. Die Himbeeren dazugeben und einmal aufkochen lassen.

10. Die Himbeermasse auf Zimmertemperatur abkühlen lassen, anschließend auf dem Mandelpudding verteilen. Die Himbeertorte bis zum vollständigen Erkalten der Beerenmasse kühl stellen.

Apfel-Weingelee-Kuchen (ohne Backen)

ZUTATEN

Für den Kuchenboden:

- 100 g Mandelkerne
- 150 g Zwieback (glutenfrei, vegan)
- 50 g Reissirup
- 100 g Kokosfett (ungehärtet)

Für das Apfel-Weingelee:

- 500 g Äpfel
- 300 ml Weißwein (vegan, trocken) oder gleiche Menge Apfelsaft (naturtrüb)
- 450 ml Wasser
- 1 TL Delifrut
- 100 g Reissirup
- 4 g Agar-Agar
- 5 g Johannisbrotkernmehl
- 20 g Zitronensaft (frisch gepresst)

AUSTAUSCHTIPP In diesem Rezept kann Reissirup durch die gleiche Menge Vollrohrzucker oder Agavendicksaft ersetzt werden.

ZUBEREITUNG KUCHENBODEN

1. Mandeln in einer Moulinette o. Ä. fein zerkleinern und das Mandelmehl in eine Rührschüssel geben.

2. Zwieback in einer Moulinette o. Ä. fein zerkleinern und 100 g davon mit dem Mandelmehl und Reissirup mischen. Den übrigen Zwieback beiseitestellen.

3. Kokosfett bei niedriger Temperatur schmelzen, zu der Zwieback-Mandel-Masse geben und mit den Händen verkneten.

4. Einen bodenlosen Metall-Backring (ca. 26 cm Durchmesser) auf eine Kuchenplatte stellen und die Masse gleichmäßig im Backring verteilen.

ZUBEREITUNG APFEL-WEINGELEE

5. Äpfel waschen, schälen, das Kerngehäuse entfernen und in kleine Stücke schneiden.

6. Weißwein und Wasser sowie alle weiteren Zutaten für das Apfel-Weingelee – außer den Apfelstücken – in einen Kochtopf geben, mit einem Stabmixer verquirlen und aufkochen lassen. Die Apfelstücke dazugeben, aufkochen und 3-5 Minuten köcheln lassen.

7. Die Apfelmasse in einer Schüssel auf Zimmertemperatur abkühlen lassen, danach kühl stellen, bis sie zu gelieren beginnt. Hinweis: Die Apfelmasse muss angeliert sein, sonst läuft sie aus dem Backring heraus!

8. Die Apfelmasse auf dem Zwiebackboden verteilen. Den Kuchen im Backring kühl stellen bis die Apfelmasse vollständig schnittfest geworden ist.

9. Die übrigen Zwiebackbrösel vor dem Servieren auf dem Apfelkuchen verteilen.

INFORMATIONEN und Empfehlungen zu Süßungsmitteln finden Sie ab Seite 10.

GUT ZU WISSEN
Reissirup süßt nicht so intensiv wie Agavendicksaft oder Vollrohrzucker.

Vor dem Erkalten des Apfel-Weingelees sollte man unbedingt die Süße der Masse überprüfen. So ist Nachsüßen nach eigenem Geschmack möglich.

TIPP Delifrut ist ein Gewürz für Süßspeisen von der *Gewürzmühle Brecht*, das Sie im Reformhaus bekommen können.

INFORMATIONEN und Empfehlungen zu Süßungsmitteln finden Sie ab Seite 10.

GUT ZU WISSEN Bourbon-Vanille (gemahlen) erhält man von den Herstellern *Gewürzmühle Brecht* und *Rapunzel*.

GUT ZU WISSEN Durch die Verwendung von Reissirup oder Agavendicksaft bleibt der Mandelpudding weiß. Deshalb empfehlen wir für dieses Rezept nur Reissirup.

Erdbeertorte mit Mandelpudding

ZUTATEN

Für den Tortenboden:

- 100 g Mandeln, blanchiert
- 200 g Reismehl
- 10 g Weinsteinbackpulver
- 1 Msp Bourbon-Vanille (gemahlen)
- 100 g weiße Schokolade (vegan)
- 50 g Kokosfett (ungehärtet)
- 100 g Reissirup
- 120 ml Wasser oder Mineralwasser
- 40 g Zitronensaft (frisch gepresst)

Für den Mandelpudding:

- 750 ml Mandeldrink (Rezept siehe Seite 90)
- 100 g Reissirup
- 75 g Reisstärke
- 8 g Agar-Agar
- 1/4 TL Kardamom (gemahlen)
- 1/4 TL Bourbon-Vanille (gemahlen)

Für die Erdbeeren:

- 500 g Erdbeeren
- Reissirup nach Geschmack

ZUBEREITUNG TORTENBODEN

1. Mandeln in einer Moulinette o. Ä. fein zerkleinern. Das Mandelmehl mit Reismehl, Backpulver und Vanille in einer Rührschüssel vermischen.

2. Weiße Schokolade und Kokosfett in einem beschichteten Kochtopf oder im Wasserbad bei niedriger Temperatur schmelzen. Geschmolzene Schokolade mit Reissirup, Wasser sowie Zitronensaft zu der Mehlmischung geben und mit einem Handrührgerät zu einem glatten Teig verrühren.

3. Einen bodenlosen Metall-Backring (ca. 26 cm Durchmesser) auf ein mit Backpapier ausgelegtes Backblech stellen, den Teig gleichmäßig im Backring verteilen und im vorgeheizten Backofen bei 180 °C 20-25 Minuten backen.

4. Den Tortenboden nach der Backzeit im Backring belassen und auf einem Backrost abkühlen lassen. Nach der Abkühlzeit das Backpapier vom Tortenboden abziehen und ihn im Backring auf eine Tortenplatte setzen.

ZUBEREITUNG MANDELPUDDING

5. Alle Zutaten in einem hohen Rührgefäß mit dem Stabmixer verquirlen. Die Flüssigkeit in einen beschichteten Kochtopf geben und unter Rühren 2 Minuten aufkochen lassen.

6. Von der angedickten Masse 6-8 Esslöffel auf dem Tortenboden verteilen, sodass er mit einer dünnen Schicht Mandelpudding bedeckt ist.

ZUBEREITUNG ERDBEERMASSE

7. Erdbeeren waschen, putzen, halbieren und in eine Schüssel geben und Reissirup untermischen. Erdbeeren auf die dünne Schicht Mandelpudding legen und mit dem restlichen Mandelpudding bedecken. Die Torte zum Abkühlen kühl stellen.

INFORMATIONEN und Empfehlungen zu Süßungsmitteln finden Sie ab Seite 10.

AUSTAUSCHTIPP Reissirup kann in diesem Rezept nur durch die gleiche Menge Agavendicksaft ersetzt werden.

GUT ZU WISSEN Durch die Verwendung von Vollrohrzucker würde die frische grüne Farbe der Avocadocreme verloren gehen.

Süßer Avocadokuchen mit Melone (ohne Backen)

ZUTATEN

Für den Kuchenboden:

- 150 g Knäckebrot oder Zwieback (vegan und glutenfrei)
- 75 g Kokosfett (ungehärtet)
- 100 g Mandelmus (weiß)
- 10 g Olivenöl (kalt gepresst)

Für den Mandelpudding:

- 2-4 Bio-Zitronen (davon 2 EL abgeriebene Zitronenschale)
- 30 g Zitronensaft (frisch gepresst)
- 500 ml Mandeldrink (Rezept siehe Seite 90)
- 150 g Reissirup
- 50 g Reisstärke
- 4 g Agar-Agar

Für die Avocadocreme:

- 2-4 reife Bio-Avocados (insgesamt 250 -300 g Fruchtfleisch)
- 50 g Reissirup
- 50 g Zitronensaft (frisch gepresst)
- 3 g Johannisbrotkernmehl

Für die Dekoration:

- 1/4 Stück Wassermelone

ZUBEREITUNG KUCHENBODEN

1. Einen bodenlosen Metall-Backring (ca. 26 cm Durchmesser) auf eine Kuchenplatte stellen.

2. Knäckebrot oder Zwieback in einer Moulinette o.Ä. zerkleinern und in eine Schüssel geben.

3. Kokosfett bei niedriger Temperatur schmelzen und unter die Knäckebrot- oder Zwiebackbrösel mischen. Mandelmus und Öl dazugeben, alles mit den Händen verkneten und gleichmäßig im Backring verteilen. Den Boden 30 Minuten kühl stellen.

ZUBEREITUNG MANDELPUDDING

4. Zitrone waschen und auf einer feinen Reibe die Schale abreiben. Alle Zitronen durchschneiden und 80 g Saft auspressen (30 g für den Mandelpudding und 50 g für die Avocadocreme).

5. Mandeldrink mit den weiteren Zutaten in einem Kochtopf verrühren, aufkochen und 2-3 Minuten köcheln lassen. Danach auf Zimmertemperatur abkühlen lassen.

ZUBEREITUNG AVOCADOCREME

6. Avocados halbieren und den Kern entfernen. Das Fruchtfleisch auslöffeln und in eine hohe Rührschüssel geben. Die weiteren Zutaten dazugeben und mit einem Stabmixer pürieren.

7. Die Avocadocreme in den abgekühlten Mandelpudding rühren und die Masse auf dem gekühlten Kuchenboden verteilen.

8. Den Kuchen zum vollständigen Auskühlen für ca. 3 Stunden kühl stellen.

DEKORATION

9. Melone in gleich große Stücke schneiden und diese auf dem Kuchen verteilen, sobald die Avocadocreme vollständig schnittfest geworden ist.

INFORMATIONEN
und Empfehlungen zu Süßungsmitteln finden Sie ab Seite 10.

Mangocreme-Torte

ZUTATEN

Für den Tortenboden:

- 250 g Mandelkerne
- 5 g Weinsteinbackpulver
- 3 g Johannisbrotkernmehl
- 20 g Carob oder Kakaopulver (entölt)
- 1 TL Delifrut
- 100 g Reissirup
- 50 g Olivenöl (kalt gepresst)
- 150 ml Mandeldrink (Rezept siehe Seite 90)

Für die Mangocreme:

- 1 Glas Apfel-Mangomark (ca. 360 g)
- 500 ml Apfel-Mangosaft (Direktsaft)
- 8 g Agar-Agar
- 1 frische Mango

AUSTAUSCHTIPP Anstelle des Reissirups kann für den Tortenboden auch die gleiche Menge Vollrohrzucker verwendet werden.

TIPP Delifrut ist ein Gewürz für Süßspeisen von der *Gewürzmühle Brecht*, das Sie im Reformhaus bekommen können.

ZUBEREITUNG TORTENBODEN

1. Mandeln in einer Moulinette o. Ä. fein zerkleinern und mit den trockenen Zutaten in eine Rührschüssel geben.

2. Die flüssigen Zutaten dazugeben und alles mit einem Handrührgerät zu einem glatten Teig verrühren.

3. Einen bodenlosen Metall-Backring (ca. 20 cm Durchmesser) auf ein mit Backpapier ausgelegtes Backblech stellen, den Teig gleichmäßig darin verteilen und im vorgeheizten Backofen bei 200 °C 25-30 Minuten backen.

4. Den Backring nach dem Auskühlen des Tortenbodens anheben, das Backpapier abziehen und den Boden mit Backring auf eine Tortenplatte setzen.

5. Aus dem Boden vorsichtig eine dünne Schicht (6-8 Esslöffel) gebackenen Teig herauslöffeln, zerkrümeln und beiseitestellen.

ZUBEREITUNG MANGOCREME

6. Alle Zutaten (außer der Mango) in einen Kochtopf geben und glatt rühren. Die Masse unter ständigem Rühren 2-3 Minuten köcheln lassen.

7. Mangomasse auf Zimmertemperatur abkühlen lassen, anschließend gleichmäßig auf dem Boden im Backring verteilen und zum Gelieren für 2-3 Stunden kühl stellen.

8. Mango schälen, den Kern entfernen und das Fruchtfleisch in kleine Würfel schneiden. Diese auf der Mangocreme verteilen.

9. Die beiseite gestellten Teigkrümel auf dem Kuchen verteilen.

10. Die Torte bis zum Servieren im Backring lassen.

Erdbeeren auf Mandelboden

Foto siehe Buchcover

ZUTATEN

Für den Mandelboden:

- 100 g Mandelkerne
- 5 Datteln (getrocknet)
- 30 g Zitronensaft (frisch gepresst)
- 1 Msp Bourbon-Vanille (gemahlen)

Für den Erdbeerbelag und Tortenguss:

- 500 g Erdbeeren
- 100 ml Wasser
- 50 g Reissirup
- 3 g Agar-Agar
- 3 g Johannisbrotkernmehl
- 2-3 EL Mandelblättchen

AUSTAUSCHTIPP Für den Erdbeerbelag kann der Reissirup durch die gleiche Menge Agavendicksaft oder Vollrohrzucker ersetzt werden.

INFORMATIONEN und Empfehlungen zu Süßungsmitteln finden Sie ab Seite 10.

ZUBEREITUNG MANDELBODEN

1. Mandeln mit Datteln in einer Moulinette o. Ä. fein zerkleinern und in eine Rührschüssel umfüllen.

2. Zitronensaft und Vanille dazugeben und alles gründlich verrühren.

3. Ein Backblech mit Backpapier auslegen und einen Metall-Backring (ca. 20 cm Durchmesser) daraufstellen. Die Mandelmasse in den Backring geben, gleichmäßig verteilen und im vorgeheizten Backofen bei 160 °C für ca. 15 Minuten backen.

4. Nach der Backzeit den Mandelboden auskühlen lassen.

ZUBEREITUNG ERDBEERBELAG UND TORTENGUSS

5. Erdbeeren waschen, putzen und ggf. in Scheiben schneiden.

6. Die Erdbeeren dekorativ auf dem Mandelboden verteilen. Wichtig: Den Backring nicht entfernen.

7. Wasser in einem kleinen Kochtopf mit Reissirup, Agar-Agar sowie Johannisbrotkernmehl glatt rühren, aufkochen und 2-3 Minuten köcheln lassen. Die Masse etwas abkühlen lassen.

8. Den etwas abgekühlten Tortenguss auf den Erdbeeren verteilen und vollständig erkalten lassen.

9. Mandelblättchen in einer trockenen Pfanne bei mittlerer Temperatur gleichmäßig rösten und auf dem Tortenguss verteilen.

Mandelboden mit Kokos-Mango-Creme

ZUTATEN

Für den Mandelboden:

- 250 g Mandelkerne
- 5 g Johannisbrotkernmehl
- 1 Prise Meer- oder Himalajasalz
- 5 g Weinsteinbackpulver
- 100 g Cashewkerne
- 250 ml Wasser

Für die Kokoscreme:

- 100 g Kokosflocken
- 500 ml Wasser
- 4 g Agar-Agar

Für die Mangocreme:

- 1 Glas Apfel-Mango-Mark (ca. 360 g)
- 500 ml Apfel-Mangosaft (Direktsaft)
- 4 g Agar-Agar

- 2-3 EL Kokosflocken zur Dekoration

TIPP Agar-Agar wird erst in erkaltetem Zustand schnittfest. Die kalt und fest werdende Flüssigkeit muss hin und wieder kontrolliert werden. Die Cremes sollen nur so fest werden, dass sie noch verstrichen und glatt gezogen werden können.

ZUBEREITUNG MANDELBODEN

1. Mandeln in einer Moulinette ö. Ä. fein zerkleinern und mit Johannisbrotkernmehl, Salz sowie Weinsteinbackpulver in einer Rührschüssel mischen.

2. Cashewkerne und Wasser in einem hohen Gefäß mit dem Stabmixer pürieren. Diese Flüssigkeit zu den anderen Zutaten in die Rührschüssel geben und alles mit den Knethaken eines Handrührgerätes zu einem glatten Teig verarbeiten.

3. Einen bodenlosen Metall-Backring (ca. 26 cm Durchmesser) auf ein mit Backpapier ausgelegtes Backblech stellen, den Teig gleichmäßig darin verteilen und im vorgeheizten Backofen bei 180 °C 20-25 Minuten backen.

4. Den Backring nach dem Auskühlen des Bodens anheben, das Backpapier abziehen und den Boden mit Backring auf eine Tortenplatte setzen.

ZUBEREITUNG KOKOSCREME

5. Kokosflocken und Wasser in einem hohen Gefäß mit dem Stabmixer pürieren, anschließend 20 Minuten quellen lassen. Agar-Agar hinzufügen und unter Rühren 2 Minuten kochen. Die heiße Flüssigkeit in eine Schüssel füllen und kühl stellen. Sobald die Kokoscreme zu gelieren beginnt, diese gleichmäßig auf dem Boden im Backring verteilen und bis zum vollständigen Festwerden der Creme kühl stellen.

ZUBEREITUNG MANGOCREME UND FERTIGSTELLUNG

6. Apfel-Mango-Mark, Apfel-Mango-Saft sowie Agar-Agar vermischen und in einem Kochtopf unter Rühren 2 Minuten köcheln lassen. Die Flüssigkeit in eine Schüssel füllen und kühl stellen. Die Mangocreme vor dem vollständigen Erkalten auf der Kokoscreme verteilen.

7. Die Torte für 2-3 Stunden kühl stellen bis die Mangomasse schnittfest geworden ist. Die Torte vor dem Servieren mit Kokosflocken dekorieren.

Waldfruchttorte mit Mandelcreme

ZUTATEN

Für den Kuchenboden:

- 125 g Walnusskerne
- 125 g Mandelkerne
- 100 g Reissirup
- 50 g Olivenöl (kalt gepresst)
- 50 g Mandelmus (weiß)

Für den Fruchtbelag:

- 600 ml Wasser
- 100 g Reissirup
- 5 g Johannisbrotkernmehl
- 5 g Agar-Agar
- 900 g Beerenmischung (tiefgefroren, ungezuckert)

Für die Mandelcreme:

- 250 ml Mandeldrink (Rezept siehe Seite 90)
- 10 g Reis- oder Kartoffelstärke
- 100 g Reissirup
- 50 g Mandelmus (weiß)
- 10 g Zitronensaft (frisch gepresst)
- 1 Msp Bourbon-Vanille (gemahlen)

ZUBEREITUNG KUCHENBODEN

1. Walnüsse und Mandeln in einer Moulinette o. Ä. fein zerkleinern und in eine Rührschüssel geben.

2. Die weiteren Zutaten für den Boden dazugeben und mit einem Löffel verrühren.

3. Einen bodenlosen Metall-Backring (ca. 26 cm Durchmesser) auf ein mit Backpapier ausgelegtes Backblech stellen, den Teig gleichmäßig im Backring verteilen und im vorgeheizten Backofen bei 180 °C ca. 25 Minuten backen.

4. Den Kuchenboden im Backring auf einem Backrost auskühlen lassen.

5. Den Backring nach dem Auskühlen des Kuchenbodens anheben, das Backpapier abziehen und den Kuchenboden im Backring auf eine Kuchenplatte setzen.

ZUBEREITUNG FRUCHTBELAG

6. Alle Zutaten für den Fruchtbelag, außer der Beerenmischung, in einem Kochtopf mit einem Stabmixer verrühren.

7. Beerenmischung dazugeben, unter Rühren 2-3 Minuten köcheln und danach etwas abkühlen lassen.

8. Die noch warme Fruchtmasse auf dem Tortenboden im Backring verteilen und für 2-3 Stunden kühl stellen, bis die Fruchtmasse schnittfest geworden ist.

ZUBEREITUNG MANDELCREME

9. Mandeldrink, Stärke und alle weiteren Zutaten in einen kleinen Kochtopf geben, glattrühren und unter Rühren 1-2 Minuten köcheln lassen.

10. Die fertige Creme in ein Glas- oder Porzellangefäß umfüllen und zu der Waldfruchttorte servieren.

INFORMATIONEN und Empfehlungen zu Süßungsmitteln finden Sie ab Seite 10.

AUSTAUSCHTIPP Für den Kuchenboden kann der Reissirup durch die gleiche Menge Vollrohrzucker und ZUSÄTZLICH 2 EL Wasser ersetzt werden.

GUT ZU WISSEN Durch die Verwendung von Reissirup bleibt die Mandelcreme weiß. Würde man Vollrohrzucker verwenden, bekäme die Mandelcreme eine dunklere Farbe.

EINKAUFSHILFE Zutaten wie Agar-Agar und Johannisbrotkernmehl sind im Biomarkt oder Reformhaus erhältlich.

TIPP Die Mandelcreme kann auch für andere Kuchen als Sahneersatz verwendet werden.

INFORMATIONEN und Empfehlungen zu Süßungsmitteln finden Sie ab Seite 10.

GUT ZU WISSEN Durch die Verwendung von Reissirup oder Agavendicksaft bleibt der Kuchenguss klar. Würde man Vollrohrzucker verwenden, bekäme der Kuchenguss eine dunklere und unschöne Farbe.

Bananenkuchen (ohne Backen)

ZUTATEN

Für den Kuchenboden:

- 100 g Reiswaffeln
- 5-6 Bio-Bananen
- 100 g Datteln (getrocknet)
- 100 g Walnusskerne

Für den Kuchenguss:

- 500 ml Wasser
- 100 g Reissirup
- 8 g Agar-Agar
- 5 g Johannisbrotkernmehl

AUSTAUSCHTIPP Für den Tortenguss kann der Reissirup durch die gleiche Menge Agavendicksaft ersetzen werden.

BITTE BEACHTEN Reiswaffeln sollten ungesüßt sein. Man bekommt sie in fast jedem Supermarkt sogar in Bio-Qualität.

ZUBEREITUNG KUCHENBODEN

1. Einen bodenlosen Metall-Backring (ca. 26 cm Durchmesser) auf eine Kuchenplatte setzen.

2. Reiswaffeln in zwei Lagen in den Backring legen. Übrig gebliebene Reiswaffeln zerbrechen und in die Lücken füllen.

3. Bananen schälen, in Scheiben schneiden und kreisförmig auf den Reiswaffeln verteilen.

4. Datteln ggf. entkernen und klein schneiden.

5. Walnüsse und Dattelstücke gleichmäßig auf den Bananenscheiben verteilen.

ZUBEREITUNG KUCHENGUSS

6. Alle Zutaten für den Kuchenguss in einem Kochtopf vermischen und unter Rühren 2 Minuten köcheln lassen.

7. Die Masse auf Zimmertemperatur abkühlen lassen. Sobald die Flüssigkeit zu gelieren beginnt, diese auf dem Bananenkuchen verteilen.

8. Den Bananenkuchen so lange kühl stellen, bis der Guss schnittfest geworden ist. Den Bananenkuchen bis zum Servieren im Backring belassen.

Zwetschgenkuchen

ZUTATEN

- 150 g Hirsemehl
- 150 g Reismehl
- ½ Päckchen (ca. 3,5 g) Werz-Trockenhefe
- 200 ml Mandeldrink (Rezept siehe Seite 90)
- 50 g Reissirup
- 750 g Zwetschgen

AUSTAUSCHTIPP Für den Tortenboden kann der Reissirup durch die gleiche Menge Agavendicksaft ersetzt werden.

ZUBEREITUNG

1. Hirse-, Reismehl und Trockenhefe in einer Rührschüssel mit den Knethaken eines Handrührgerätes vermischen. Mandeldrink und Reissirup nach und nach dazugeben und alles 3 Minuten kneten.

2. Den Hefeteig zugedeckt an einem warmen Ort stehen lassen, bis sich sein Volumen etwa um ein Drittel vergrößert hat.

3. Eine Springform (ca. 20 cm Durchmesser) mit Backpapier auslegen und den Hefeteig darauf ausrollen.

4. Zwetschgen waschen, halbieren und entsteinen.

5. Die Zwetschgen von außen nach innen kreisförmig auf dem Teig verteilen und im vorgeheizten Backofen bei 180°C 35-40 Minuten backen.

Weinsoße

ZUTATEN

- 250 ml Weisswein trocken (vegan)
- 250 ml Wasser
- 10 g Zitronensaft (frisch gepresst)
- 50 g Reissirup
- 10 g Reisstärke
- 25 g Mandelmus (weiß)

ZUBEREITUNG

1. Alle Zutaten in ein hohes Rührgefäß geben und mit dem Stabmixer verquirlen.

2. Die Flüssigkeit in einen Kochtopf gießen und unter Rühren einmal kurz aufkochen lassen.

3. Die Weinsoße etwas abkühlen lassen und zum Zwetschgenkuchen servieren.

INFORMATIONEN und Empfehlungen zu Süßungsmitteln finden Sie ab Seite 10.

TIPP Wer den Kuchen etwas süßer mag, kann vor dem Servieren noch ca. 1–2 EL Reissirup oder Vollrohrzucker über die Zwetschgen geben.

TIPP Die Weinsoße schmeckt lauwarm sehr gut zu Zwetschgenkuchen, Waffeln oder Waldfruchttorte.

INFORMATIONEN und Empfehlungen zu Süßungsmitteln finden Sie ab Seite 10.

GUT ZU WISSEN Bei der Verwendung von Vollrohrzucker wird die Teigmasse insgesamt fester als bei der Verwendung von flüssigen Süßungsmitteln.

GUT ZU WISSEN Durch den Reissirup behält das Marzipan seine helle Farbe.

TIPP Rosenwasser ist beispielsweise im Reformhaus oder Bioladen erhältlich.

Apfel-Marzipankuchen

ZUTATEN

Für den Kuchenboden:

- 250 g Reismehl
- 50 g Reissirup
- 60 g Olivenöl (kalt gepresst)
- 60 g Wasser

Für das Marzipan:

- 200 g Mandelkerne
- 10 Stück Bittermandeln
- 100 g Reissirup
- 30 g Rosenwasser

Für die Apfelmasse:

- 750 g Äpfel
- 100 g Rosinen
- 1/2 TL Zimt (gemahlen)
- 40 g Zitronensaft (frisch gepresst)

AUSTAUSCHTIPP Für den Kuchenboden kann der Reissirup durch die gleiche Menge Vollrohrzucker und ZUSÄTZLICH 1 EL Wasser ersetzt werden.

ZUBEREITUNG MÜRBETEIGBODEN

1. Alle Zutaten für den Teigboden in einer Rührschüssel mit den Händen zu einem glatten Teig verkneten und in einer mit Backpapier ausgelegten Springform (ca. 26-28 cm Durchmesser) verteilen.

ZUBEREITUNG MARZIPAN

2. Mandeln und Bittermandeln in eine Schüssel geben, mit kochendem Wasser übergießen und 15 Minuten darin liegen lassen.

3. Das Wasser abgießen, die Mandeln etwas abkühlen lassen und danach häuten. (Anleitung zum Häuten der Mandeln, siehe Marzipangrundmasse, Seite 90)

4. Die Mandeln auf einem Backblech verteilen und im vorgeheizten Backofen bei 80-100 °C ca. 30 Minuten trocknen lassen.

5. Die Mandeln anschließend in einer Moulinette o. Ä. fein zerkleinern und in einer Schüssel mit Reissirup und Rosenwasser verkneten.

ZUBEREITUNG APFELMASSE

6. Äpfel waschen, schälen, das Kerngehäuse entfernen und in Würfel schneiden. Die Apfelstücke mit Rosinen und Zimt in Zitronensaft 3-5 Minuten dünsten.

7. Von der fertiggestellten Marzipanmasse ein Drittel gleichmäßig auf dem Teigboden verteilen.

8. Apfelmasse auf dem Marzipan verteilen.

9. Das restliche Marzipan in kleinen Flocken auf der Apfelmasse verteilen und den Kuchen im vorgeheizten Backofen bei 180 °C 40-45 Minuten backen.

INFORMATIONEN
und Empfehlungen zu Süßungsmitteln finden Sie ab Seite 10.

Hefekuchen mit Äpfeln vom Backblech

ZUTATEN

Für den Hefeteig:

- 400 g Reismehl
- 100 g Buchweizenmehl
- 1 Päckchen Werz-Trockenhefe
- 10 g Johannisbrotkernmehl
- 450 ml Mandeldrink (Rezept siehe Seite 90)
- 50 g Reissirup
- 20 g Olivenöl (kalt gepresst)

Für den Belag:

- 1 kg Bio-Äpfel
- 100 g gehackte Mandeln
- 1 Glas Apfel-Mango-Mark

Für die Streusel:

- 400 g blanchierte Mandeln
- 150 g Reissirup
- 2 Msp Bourbon-Vanille (gemahlen)
- 20-40 g Wasser

ZUBEREITUNG HEFETEIG

1. Reis- und Buchweizenmehl, Trockenhefe und Johannisbrotkernmehl in einer Rührschüssel mischen.

2. Mandeldrink und Reissirup dazugeben und den Teig mit den Knethaken eines Handrührgerätes 3 Minuten kneten.

3. Olivenöl dazugeben und unterrühren.

4. Ein Backblech mit Backpapier auslegen und den Hefeteig darauf ausrollen. Den Teig 30 Minuten gehen lassen.

ZUBEREITUNG BELAG

5. Äpfel waschen, schälen, das Kerngehäuse entfernen und klein schneiden. Die Apfelstücke mit den weiteren Zutaten in eine Rührschüssel geben und verrühren. Den Belag auf dem Hefeteig verteilen.

ZUBEREITUNG STREUSEL

6. Mandeln in einer Moulinette o. Ä. fein zerkleinern. Das Mandelmehl in eine Schüssel geben.

7. Reissirup, Vanille und Wasser dazugeben und alles mit den Händen zu Streuseln verarbeiten.

8. Die Streusel auf der Apfelmasse verteilen und den Hefekuchen im vorgeheizten Backofen bei 180 °C 40-45 Minuten backen.

Mohnkuchen mit Rosinen

ZUTATEN

Für den Kuchenboden:

- 50 g Mandelkerne
- 125 g Reismehl
- 5 g Weinsteinbackpulver
- 25 g Kartoffel- oder Reisstärke
- 100 g Reissirup
- 50 ml Mandeldrink (Rezept siehe Seite 90)
- 1 Msp Bourbon-Vanille (gemahlen)

Für den Mohnbelag:

- 100 g Dampfmohn
- 150 ml Mandeldrink (Rezept siehe Seite 90)
- 125 g Reismehl
- 5 g Weinsteinbackpulver
- 150 g Reissirup
- 100 g Rosinen (ungeschwefelt)
- 20 g Zitronensaft (frisch gepresst)
- 70 g gehackte Mandeln

- 2 EL gehackte Mandeln (zum Bestreuen des Mohnbelages)

ZUBEREITUNG KUCHENBODEN

1. Mandeln in einer Moulinette o. Ä. fein zerkleinern. Das Mandelmehl in eine Rührschüssel geben.

2. Reismehl und die weiteren Zutaten für den Kuchenboden dazugeben und alles mit den Knethaken eines Handrührgerätes zu einem geschmeidigen Teig verarbeiten.

3. Den Teig in eine mit Backpapier ausgelegte Springform (ca. 20 cm Durchmesser) füllen, gleichmäßig verteilen und am Rand etwas hochdrücken.

ZUBEREITUNG MOHNBELAG

4. Dampfmohn und Mandeldrink in einem beschichteten Topf unter Rühren aufkochen lassen. Den Topf von der Herdplatte ziehen und den Mohn auf Zimmertemperatur abkühlen lassen.

5. Die abgekühlte Mohnmasse mit den restlichen Zutaten für den Mohnbelag (außer den gehackten Mandeln zum Bestreuen) in einer Rührschüssel mit den Knethaken eines Handrührgerätes zu einem homogenen Teig verarbeiten.

6. Die Mohnmasse auf dem Kuchenbodenteig verteilen. Die gehackten Mandeln auf dem Mohnbelag verteilen und den Kuchen im vorgeheizten Backofen bei 180 °C für 40-45 Minuten backen.

7. Den Kuchen in der Form auskühlen lassen. Den Kuchen mit einem Messer vom Springformrand lösen. Den Springformrand entfernen und den Kuchen mithilfe eines Kuchenhebers auf eine Kuchenplatte setzen.

INFORMATIONEN und Empfehlungen zu Süßungsmitteln finden Sie ab Seite 10.

AUSTAUSCHTIPP Für den Kuchenboden kann der Reissirup durch die gleiche Menge Vollrohrzucker und ZUSÄTZLICH 25 ml Mandeldrink ersetzt werden.

Für den Mohnbelag kann der Reissirup durch die gleiche Menge Vollrohrzucker und ZUSÄTZLICH 25 ml Mandeldrink ersetzt werden.

INFORMATIONEN
und Empfehlungen zu Süßungsmitteln finden Sie ab Seite 10.

Dunkler Rührkuchen mit Kirschen

ZUTATEN

Für den Rührteig:

- 1 Glas Sauerkirschen (ca. 720 ml)
- 50 g Bitterschokolade (vegan)
- 50 g Kokosfett (ungehärtet)
- 200 g Reismehl
- 50 g Reisstärke
- 150 g Reissirup
- 5 g Weinsteinbackpulver
- 1 TL Kardamom
- 1 TL Zimt (gemahlen)
- 10 g Kakao (entölt)
- 80 g Wasser
- 20 g Mandelmus (weiß)

Für die Streusel:

- 200 g Haselnuss- oder Mandelkerne
- 150 g Reissirup
- 20 g Wasser
- 1 TL Zimt (gemahlen)
- 1 TL Kardamom

EINKAUFSHILFE Vegane Sauerkirschen bekommt man vom Hersteller *Schweizer.*

ZUBEREITUNG RÜHRTEIG

1. Sauerkirschen durch ein Sieb abtropfen lassen.

2. Bitterschokolade und Kokosfett in einem kleinen, beschichteten Topf oder im Wasserbad schmelzen.

3. Reismehl, Reisstärke und Reissirup sowie Backpulver, Gewürze, Kakao, Wasser und Mandelmus in einer Rührschüssel mit einem Handrührgerät verrühren.

4. Die geschmolzene Schokolade dazugeben und alles zu einem geschmeidigen Teig verrühren.

5. Den Teig in einer mit Backpapier ausgelegten Springform (ca. 26 cm Durchmesser) gleichmäßig verteilen.

6. Die abgetropften Sauerkirschen auf dem Teig verteilen.

ZUBEREITUNG STREUSEL

7. Haselnüsse oder Mandeln für die Streusel in einer Moulinette o. Ä. fein zerkleinern.

8. Das Nussmehl und alle weiteren Zutaten in eine Rührschüssel geben und mit den Händen zu Streuseln verarbeiten. Diese auf dem Kuchen verteilen.

9. Den Kirschkuchen im vorgeheizten Backofen bei 180 °C für 40-45 Minuten backen.

10. Den Kuchen in der Form auskühlen lassen. Den Kuchen mit einem Messer vom Springformrand lösen. Den Springformrand entfernen und den Kuchen mithilfe eines Kuchenhebers auf eine Kuchenplatte setzen.

Möhren-Nusskuchen

ZUTATEN

- 1 Rezept Marzipangrundmasse (Rezept siehe Seite 90)
- 250 g Möhren
- 50 g Zitronensaft (frisch gepresst)
- 250 g Haselnuss- oder Mandelkerne
- 100 g Reisstärke
- 100 g Reismehl
- 15 g Weinsteinbackpulver
- 1 TL Delifrut
- 150 ml Wasser
- 50 g Reissirup
- 50 g Olivenöl (kalt gepresst)

- 1 El Olivenöl zum Fetten der Springform

AUSTAUSCHTIPP Der Reissirup kann durch die gleiche Menge Vollrohrzucker ersetzt werden.

TIPP Delifrut ist ein Gewürz für Süßspeisen von der *Gewürzmühle Brecht*, das Sie im Reformhaus bekommen können.

ZUBEREITUNG

1. Marzipangrundmasse herstellen.

2. Möhren waschen, dünn schälen und in eine Rührschüssel fein reiben. Zitronensaft darübergießen.

3. Haselnüsse oder Mandeln in einer Moulinette o. Ä. fein mahlen und mit dem Marzipan zu den Möhren geben.

4. Alle weiteren Zutaten dazugeben und mit den Knethaken eines Handrührgerätes zu einem lockeren, geschmeidigen Teig verarbeiten.

5. Von einer Springform (ca. 20 cm Durchmesser) den losen Backboden mit Backpapier belegen und in den Springformrand einspannen.

6. Den Springformrand einfetten und den Möhren-Nussteig einfüllen.

7. Den Kuchen im vorgeheizten Backofen auf der mittleren Schiene bei 180 °C 45 Minuten backen.

8. Den Kuchen in der Form auskühlen lassen. Den Kuchen mit einem Messer vom Springformrand lösen. Den Springformrand entfernen und den Kuchen mithilfe eines Kuchenhebers auf eine Kuchenplatte setzen.

INFORMATIONEN
und Empfehlungen zu Süßungsmitteln finden Sie ab Seite 10.

Gewürzkuchen

ZUTATEN

- 100 g Schokolade (vegan)
- 100 g Mandelkerne
- 200 g Reissirup
- 2 TL Delifrut
- 1 TL Kardamom (gemahlen)
- 1 Msp Nelken (gemahlen)
- 30 g Carob oder Kakaopulver (entölt)
- 15 g Weinsteinbackpulver
- 50 g Reisstärke
- 200 g Reismehl
- 100 ml Mandeldrink (Rezept siehe Seite 90)
- 90 g Olivenöl (kalt gepresst)

- ev. Reissiruppulver zum Bestreuen des Kuchens

Für die Kuchenform:

- ca. 1 EL Olivenöl (kalt gepresst)
- 2 EL Reismehl

ZUBEREITUNG

1. Schokolade in Stücke brechen und mit den Mandeln nach und nach in der Moulinette o. Ä. fein zerkleinern und in eine Rührschüssel geben.

2. Reissirup und Gewürze sowie Kakao und Backpulver dazugeben und mit einem Handrührgerät verrühren.

3. Reisstärke und Reismehl dazugeben und gründlich verrühren. Den Mandeldrink und danach das Öl einrühren. Eine Rührkuchenform (ca. 17 cm Durchmesser) mit etwas Öl einfetten und mit ca. 2 EL Reismehl ausstreuen.

4. Den Teig einfüllen und im vorgeheizten Backofen bei 180 °C ca. 50 Minuten backen.

5. Den Kuchen nach der Backzeit in der Form 10-15 Minuten auskühlen lassen und danach auf ein Backrost stürzen.

GUT ZU WISSEN Kardamom gehört neben Vanille und Safran zu den teuersten Gewürzen der Welt, weil die Fruchtkapseln von Hand geerntet werden müssen.

GUT ZU WISSEN Delifrut ist ein Gewürz für Süßspeisen von der *Gewürzmühle Brecht*, das Sie im Reformhaus bekommen können.

AUSTAUSCHTIPP Anstelle von Reissirup kann die gleiche Menge Vollrohrzucker verwendet werden. Bei der Verwendung von Vollrohrzucker sollte jedoch die Menge des Mandeldrinks ZUSÄTZLICH um 50 g (auf 150 g) erhöht werden.

INFORMATIONEN und Empfehlungen zu Süßungsmitteln finden Sie ab Seite 10.

INFORMATIONEN
und Empfehlungen zu Süßungsmitteln finden Sie ab Seite 10.

Nuss-Tarte

ZUTATEN

Für den Tarteboden:

- 100 g Mandelkerne
- 150 g Reismehl
- 50 g Reisstärke
- 50 g Reissirup
- 50 g Mandelmus (weiß)
- 100 ml Wasser
- für die Tarteform ca. 1 EL Olivenöl und 1 EL Reismehl

Für den Belag:

- 300 g Nusskerne in beliebiger Mischung (z. B. Mandel-, Walnuss-, Haselnusskerne)
- 100 g getrocknete Pflaumen (ungeschwefelt)
- 100 g Möhren (fein gerieben)
- 150 g Reissirup
- 50 g Zitronensaft (frisch gepresst)
- 25 g Mandelmus (weiß)
- 30 g Wasser
- 8-10 halbe Walnusskerne zur Dekoration

TIPP Zu dieser Tarte schmeckt Vanilleeis besonders gut. Rezept siehe Seite 89.

ZUBEREITUNG TARTEBODEN

1. Mandeln in einer Moulinette o. Ä. fein zerkleinern. Mandelmehl in eine Rührschüssel geben.

2. Reismehl, Reisstärke und Reissirup sowie Mandelmus und Wasser dazugeben und alles mit den Knethaken eines Handrührgerätes zu einem geschmeidigen Teig verarbeiten.

3. Eine Tarteform (ca. 26-28 cm Durchmesser) mit Öl einfetten und mit Reismehl ausstreuen.

4. Den Teig in der gefetteten Tarteform mit einem Teigschaber verteilen und an den Rändern etwas hochdrücken.

ZUBEREITUNG BELAG

5. Nusskerne und Pflaumen nach und nach in einer Moulinette o.Ä. zerkleinern und in eine Rührschüssel geben.

6. Die weiteren Zutaten (außer den zur Dekoration bestimmten Walnusskernen) dazugeben und mit einem Holzlöffel verrühren.

7. Die Nussmasse auf dem Tarteboden verteilen und mit den halben Walnusskernen dekorieren und im vorgeheizten Backofen bei 180 °C ca. 35 Minuten backen.

HINWEIS Die getrockneten Pflaumen sollten immer zusammen mit den Nüssen in einer Moulinette o. Ä. zerkleinert werden. Wenn man die Pflaumen ohne Nusskerne zerkleinert, erhält man eine klebrige Masse, die sich nur schwierig für die weitere Verarbeitung aus der Maschine entnehmen lässt.

INFORMATIONEN
und Empfehlungen zu Süßungsmitteln finden Sie ab Seite 10.

Grapefruit auf Mürbeteigboden

ZUTATEN

HINWEIS: FÜR DAS GESAMTE REZEPT BENÖTIGT MAN INSGESAMT ETWA 6-8 GRAPEFRUITS

Für den Mürbeteigboden:

- 175 g Hirsemehl
- 50 g Reismehl
- 25 g Leinmehl
- 5 g Weinsteinbackpulver
- 10 g Olivenöl (kalt gepresst)
- 100 g Reissirup
- 100 ml Grapefruitsaft (frisch gepresst)

Für die Grapefruitmasse:

- 2-4 Grapefruits
- 450 ml Grapefruitsaft (frisch gepresst)
- 100 g Reissirup
- 1/2 TL Kardamom (gemahlen)
- 1/2 TL Bourbon-Vanille (gemahlen)
- 4 g Agar-Agar
- 5 g Johannisbrotkernmehl

AUSTAUSCHTIPP Anstelle des Hirsemehls kann auch Reismehl verwendet werden.

ZUBEREITUNG MÜRBETEIGBODEN

1. Alle Zutaten in eine Rührschüssel geben und mit den Händen zu einem homogenen Teig kneten.

2. Den Teig in eine geölte Tarteform (ca. 20 cm Durchmesser) geben, gleichmäßig andrücken und in den vorgeheizten Backofen bei 180 °C 20-25 Minuten backen.

3. Den Mürbeteigboden zur weiteren Bearbeitung auskühlen lassen.

ZUBEREITUNG GRAPEFRUITMASSE

4. Grapefruits schälen, die Fruchtstücke einzeln aus ihrer Haut herausfiletieren und auf dem Mürbeteigboden verteilen.

5. Die weiteren Zutaten in einem Kochtopf vermischen und unter Rühren 2-3 Minuten köcheln lassen.

6. Die Masse auf Zimmertemperatur abkühlen lassen, anschließend auf den Grapefruitstücken verteilen und kühl stellen.

TIPP Die Agar-Agar-Flüssigkeit beginnt erst im erkalteten Zustand zu gelieren.

Birnen-Crumble mit Schokostreuseln

ZUTATEN

Für die Schokostreusel:

- 200 g blanchierte Mandeln
- 75 g Reissirup
- 10 g Carob oder Kakaopulver (entölt)
- 1 TL Delifrut
- 20 g Zitronensaft (frisch gepresst)

Für die Birnenmasse:

- ca. 400 g reife Birnen
- 50 g Rotwein (vegan)
- 100 ml Wasser
- 1/2 TL Delifrut
- 15 g Reis- oder Kartoffelstärke
- 50 g Reissirup

AUSTAUSCHTIPP Für die Schokostreusel kann der Reissirup durch die gleiche Menge Vollrohrzucker und ZUSÄTZLICH 4 EL (ca. 40 g) Wasser ersetzt werden.

ZUBEREITUNG STREUSEL

1. Mandeln in einer Moulinette o. Ä. fein zerkleinern.

2. Alle weiteren Zutaten für die Schokoladenstreusel in eine Rührschüssel geben und mit den Händen zu Streuseln verarbeiten.

ZUBEREITUNG BIRNENMASSE

3. Eine ovale Auflaufform (ca. 23x17 cm) mit Öl einfetten.

4. Birnen waschen, schälen, halbieren und das Kerngehäuse entfernen.

5. Rotwein und Wasser sowie Delifrut, Stärke und Reissirup in einem kleinen Kochtopf glatt rühren. Die Birnenhälften dazugeben und unter Rühren alles einmal aufkochen lassen.

6. Die Birnenhälften mit dem aufgekochten Rotwein in der Auflaufform verteilen.

7. Die Streusel auf den Birnenhälften verteilen.

8. Die Auflaufform in den vorgeheizten Backofen bei 180 °C 30-35 Minuten backen.

INFORMATIONEN
und Empfehlungen zu Süßungsmitteln finden Sie ab Seite 10.

i

TIPP Crumble schmeckt auch lauwarm sehr gut.
Dazu schmeckt unsere Weinsoße, Rezept siehe Seite 30.

TIPP Delifrut ist ein Gewürz für Süßspeisen von der *Gewürzmühle Brecht*, das Sie im Reformhaus bekommen können.

INFORMATIONEN
und Empfehlungen zu Süßungsmitteln finden Sie ab Seite 10.

Aprikosen-Crumble

ZUTATEN

Für die Streusel:

- 200 g blanchierte Mandeln
- 75 g Reissirup
- 1 Msp Bourbon-Vanille (gemahlen)
- 20 g Wasser

Für die Aprikosenmasse:

- 400 g Aprikosen
- 50 g Weißwein (vegan)
- 100 ml Wasser
- 100 g Reissirup
- 15 g Reis-/oder Kartoffelstärke
- 1 Msp Bourbon-Vanille (gemahlen)
- 25 g gehackte Mandeln

AUSTAUSCHTIPP Für die Streusel kann der Reissirup durch die gleiche Menge Vollrohrzucker und ZUSÄTZLICH 2 EL (ca. 20 g) Wasser ersetzt werden.

ZUBEREITUNG STREUSEL

1. Mandeln in einer Moulinette o. Ä. fein zerkleinern.

2. Das Mandelmehl mit Reissirup, Vanille und Wasser in eine Rührschüssel geben und mit den Händen zu Streuseln verarbeiten. Die Streusel in zwei Portionen teilen.

ZUBEREITUNG APRIKOSENMASSE

3. Eine Auflaufform (ca. 27x18 cm) mit Öl einfetten.

4. Aprikosen waschen, halbieren und die Kerne entfernen.

5. Die Aprikosen mit Weißwein kurz aufkochen und 3 Minuten köcheln lassen.

6. Wasser und Reissirup sowie Stärke und Vanille in einer kleinen Schüssel glatt rühren, zu den Aprikosen geben und 1 Minute unter Rühren köcheln lassen.

7. Die Aprikosenhälften mit dem aufgekochten Weißwein in der Auflaufform verteilen.

8. Die Streusel auf den Aprikosenhälften verteilen.

9. Die gehackten Mandeln darüberstreuen.

10. Die Auflaufform in den vorgeheizten Backofen bei 180 °C 30-35 Minuten backen.

INFORMATIONEN
und Empfehlungen zu Süßungsmitteln finden Sie ab Seite 10.

Muffins mit Cranberrys (ca. 12 Stück)

ZUTATEN

- 300 g Reismehl
- 10 g Weinsteinbackpulver
- 150 g Reissirup
- 1 Msp Bourbon-Vanille (gemahlen)
- 20 g Carob oder Kakaopulver (entölt)
- 40 g Olivenöl (kalt gepresst)
- 200 ml Mandeldrink (Rezept siehe Seite 90) oder 160 ml Wasser und 40 g Mandelmus (weiß)
- 100 g Cranberrys (getrocknet und ungeschwefelt) für den Teig
- 100 g Cranberrys zur Dekoration

ZUBEREITUNG

1. Alle trockenen Zutaten (Achtung: nur 100 g Cranberrys) in eine Rührschüssel geben und mit einem Handrührgerät verrühren.

2. Öl und Mandeldrink oder Öl, Wasser und Mandelmus hinzufügen und zu einem glatten Teig verarbeiten.

3. Den Teig in Muffinförmchen (ca. 5 cm Durchmesser) füllen.

4. Auf jedem Muffin einige Cranberrys verteilen und im vorgeheizten Backofen bei 180 °C 30-35 Minuten backen.

TIPP Delifrut ist ein Gewürz für Süßspeisen von der *Gewürzmühle Brecht*, das Sie im Reformhaus bekommen können.

Möhren-Apfel-Muffins (ca. 12 Stück)

ZUTATEN

- 1 Apfel ca. 200 g (geraspelt ca. 125 g)
- 250 g Möhren (geraspelt ca. 200 g)
- 20 g Zitronensaft (frisch gepresst)
- 100 g Reissirup
- ½ TL Delifrut
- 150 g Reismehl
- 25 g Reisstärke
- 6 g Johannisbrotkernmehl
- 10 g Weinsteinbackpulver

ZUBEREITUNG

1. Apfel sowie Möhren waschen und auf einer Gemüsereibe fein in eine Rührschüssel raspeln.

2. Den Zitronensaft darüber träufeln, alle weiteren Zutaten dazugeben und mit den Knethaken eines Handrührgerätes verkneten.

3. Teig esslöffelweise in Muffinformen geben und die Muffins im vorgeheizten Backofen bei 180 °C 35-40 Minuten backen.

Zitronenmuffins mit Zitronenguss (ca. 12 Stück)

ZUTATEN

Für den Teig:

- 2 Bio-Zitronen
- 50 g Zitronensaft (frisch gepresst)
- 400 g Reismehl
- 10 g Weinsteinbackpulver
- 7 g Natron
- 150 g Reissirup
- 1 Msp Bourbon-Vanille (gemahlen)
- 100 ml Mandeldrink (Rezept siehe Seite 90)
- 120 g Olivenöl (kalt gepresst)

Für den Zitronenguss:

- 50 g weiße Schokolade (vegan)
- 20 g Zitronensaft (frisch gepresst)
- 40 g Reissiruppulver

AUSTAUSCHTIPP Anstelle von Reissirup kann die gleiche Menge Vollrohrzucker verwendet werden. Es sollte jedoch die Menge des Mandeldrinks um 50 g (auf 150 g) erhöht werden.

ZUBEREITUNG

1. Eine Zitrone gründlich mit heißem Wasser waschen und auf einer feinen Reibe ringsherum die äußere Schale abreiben.

2. Die Zitronen halbieren und auf einer Zitruspresse entsaften. Davon 50 g in eine Rührschüssel geben.

3. Alle weiteren Zutaten für den Teig dazugeben und mit einem Handrührgerät zu einem geschmeidigen Teig verrühren.

4. Den Teig in 12–15 Muffinförmchen füllen und im vorgeheizten Backofen bei 180 °C ca. 25 Minuten backen.

ZUBEREITUNG ZITRONENGUSS

5. Schokolade und Zitronensaft im Wasserbad schmelzen.

6. Reissiruppulver dazugeben und alles glatt rühren.

7. Den Guss mit einem Backpinsel auf den noch warmen Muffins verteilen.

TIPP Von der Bio-Zitrone nur die äußere Schale, nicht das weiße Fruchtfleisch abreiben.

GEHEIMTIPP Die Teigmasse kann auch in Cupcake-Backformen gebacken werden und nach dem Erkalten mit Mandelcreme (siehe Seite 78), geschmolzener Schokolade oder Fruchtmarmelade gefüllt werden.

INFORMATIONEN
und Empfehlungen zu Süßungsmitteln finden Sie ab Seite 10.

INFORMATIONEN
und Empfehlungen zu Süßungsmitteln finden Sie ab Seite 10.

i

Schokomuffins (ca. 12 Stück)

ZUTATEN

Für den Teig:

- 50 g Kokosfett (ungehärtet)
- 100 g Schokolade, zartbitter (vegan)
- 20 g Carob oder Kakaopulver (entölt)
- 1/2 TL Kardamom (gemahlen)
- 200 g Reismehl
- 100 g Reisstärke
- 10 g Weinsteinbackpulver
- 5 g Natron
- 150 g Reissirup
- 150 ml Mandeldrink (Rezept siehe Seite 90)

Für die Glasur:

- 20 g Kokosfett (ungehärtet)
- 100 g Schokolade, dunkel (vegan)
- 10 g Carob oder Kakaopulver (entölt)

Für die Dekoration:

- ggf. halbe Walnusskerne
- ggf. Cranberrys (getrocknet)

AUSTAUSCHTIPP Der Reissirup kann durch die gleiche Menge Vollrohrzucker ersetzt werden.

ZUBEREITUNG TEIG

1. Kokosfett und Schokolade im Wasserbad schmelzen.

2. Kakao und Kardamom einrühren.

3. Reismehl und Reisstärke sowie Weinsteinbackpulver und Natron in einer Rührschüssel mischen.

4. Die Schokoladenmasse in die Reismehlmasse einrühren.

5. Reissirup und Mandeldrink dazugeben und alles zu einem geschmeidigen Teig verrühren.

6. Die Masse portionsweise in Muffinförmchen füllen.

7. Die Muffins im vorgeheizten Backofen bei 180 °C 25 Minuten backen und in den Formen auskühlen lassen.

ZUBEREITUNG GLASUR

8. Alle angegebenen Zutaten zusammen im Wasserbad schmelzen.

9. Die Glasur esslöffelweise auf den ausgekühlten Muffins verteilen.

TIPP ZUR VERZIERUNG Halbe Walnusskerne oder Cranberrys auf die noch flüssige Glasur geben.

INFORMATIONEN
und Empfehlungen zu Süßungsmitteln finden Sie ab Seite 10.

Nussecken

ZUTATEN

Für den Teig:

- 400 g Reismehl
- 10 g Weinsteinbackpulver
- 100 g Olivenöl (kalt gepresst)
- 200 ml Mandeldrink
  (Rezept siehe Seite 90)
- 100 g Reissirup
- 2 Msp Bourbon-Vanille (gemahlen)

Für die Nussmasse:

- 200 g Walnusskerne
- 400 g Mandelkerne
- 150 g Reissirup
- 60 g Olivenöl (kalt gepresst)
- 100 ml Mandeldrink
  (Rezept siehe Seite 90)
- 100 g Mandelmus (weiß)

- 100 g Bitter-Schokolade (vegan)

AUSTAUSCHTIPP Der Reissirup kann durch die gleiche Menge Vollrohrzucker ersetzt werden.

ZUBEREITUNG TEIG

1. Alle angegebenen Zutaten für den Teig in einer Rührschüssel mit einem Handrührgerät zu einem glatten Teig verrühren.

2. Ein Backblech mit Backpapier auslegen und den Teig darauf verteilen. (Durch die Verwendung von Reissirup wird der Teig flüssiger als bei der Verwendung von Vollrohrzucker.)

ZUBEREITUNG NUSSMASSE

3. Walnüsse und Mandeln in einer Moulinette o. Ä. grob zerkleinern und in eine Rührschüssel umfüllen.

4. Die weiteren Zutaten, außer der Schokolade, dazugeben und gründlich mischen, bis die Masse streichfähig ist.

5. Die Nussmasse gleichmäßig auf dem Teig verteilen und im vorgeheizten Backofen bei 180°C 25–30 Minuten backen.

6. In der Zwischenzeit Schokolade im Wasserbad schmelzen.

7. Nach der Backzeit den noch heißen Nussboden auf dem Blech in 15 gleich große Rechtecke schneiden. Die Rechtecke noch einmal diagonal teilen und etwas abkühlen lassen.

8. Die Nussecken an zwei oder drei Ecken mit der geschmolzenen Schokolade bestreichen.

9. Die Nussecken anschließend auf dem Backblech auskühlen lassen.

TIPP Die Nussecken können, vollständig ausgekühlt, in einer Blechdose ein bis zwei Wochen gelagert werden.

INFORMATIONEN
und Empfehlungen zu Süßungsmitteln finden Sie ab Seite 10.

Gebackene Nussriegel

ZUTATEN

- 150 g Haselnusskerne
- 150 g Mandelkerne
- 75 g Walnusskerne
- 100 g Kokosfett (ungehärtet)
- 100 g Reissirup
- 1 Msp Bourbon-Vanille (gemahlen)
- 20 g Zitronensaft (frisch gepresst)

AUSTAUSCHTIPP Der Reissirup kann durch die gleiche Menge Vollrohrzucker ersetzt werden. Dazu verwendet man jedoch ZUSÄTZLICH noch 4 EL (40 g) Zitronensaft.

GUT ZU WISSEN Die Riegel erhalten erst nach dem Abkühlen ihre feste Form.

ZUBEREITUNG

1. Haselnüsse in einer Moulinette o. Ä. fein zerkleinern und das Nussmehl in eine Rührschüssel geben.

2. Mandeln und Walnüsse grob zerkleinern und hinzufügen.

3. Kokosfett in einem beschichteten Topf bei niedriger Temperatur schmelzen und zu der Nussmasse geben. Alle weiteren Zutaten hinzugeben und mit einem Löffel verrühren.

4. Eine Auflaufform (ca. 20x25 cm) mit Backpapier auslegen und die Nussmasse gleichmäßig darin verteilen.

5. Auflaufform in den vorgeheizten Backofen schieben und bei 180 °C 20 Minuten backen. Nach der Backzeit die Nussriegel sofort in Rechtecke schneiden.

6. Die Rechtecke in der Form auskühlen lassen und zum vollständigen Aushärten des Kokosfettes in den Kühlschrank geben.

Gebackene Ananasriegel

ZUTATEN

- 100 g Mandelkerne
- 100 g getrocknete Ananas
- 200 ml Wasser
- 100 g Kokosfett (ungehärtet)
- 150 g Reissirup
- 150 g Kokosflocken

AUSTAUSCHTIPP Reissirup kann in diesem Rezept durch die gleiche Menge Vollrohrzucker ersetzt werden.

ZUBEREITUNG

1. Mandeln in einer Moulinette o. Ä. fein zerkleinern und in eine Rührschüssel umfüllen.

2. Getrocknete Früchte in Wasser in einem kleinen Topf aufkochen und 3 Minuten köcheln lassen. Früchte mit der Flüssigkeit nach dem Kochen etwas abkühlen lassen und mit einem Stabmixer pürieren. Kokosfett und Reissirup dazugeben und alles verrühren, bis das Kokosfett geschmolzen ist.

3. Die Obstmasse zu den zerkleinerten Mandeln geben. Kokosflocken dazugeben und verrühren, bis eine zähe Masse entsteht.

4. Eine Auflaufform (ca. 20 x 25 cm) mit Backpapier auslegen. Die Masse mit einem Teigschaber darauf verteilen und im vorgeheizten Backofen bei 180 °C 20 Minuten backen. Anschließend die noch heiße Masse in gleichmäßig große Rechtecke schneiden und in der Form auskühlen lassen.

Gebackene Kokoskugeln

ZUTATEN

- 100 g Mandelkerne
- 100 g Kokosraspeln
- 50 g Kokosmehl
- 150 g Reissirup
- 3 g Johannisbrotkernmehl
- 40 g Zitronensaft (frisch gepresst)
- 1-2 EL Kokosraspeln

ZUBEREITUNG

1. Mandeln in einer Moulinette o. Ä. fein zerkleinern.

2. Alle Zutaten in eine Rührschüssel geben und mit einem Handrührgerät verrühren.

3. Hände mit Wasser befeuchten, die Kokosmasse teelöffelweise in den Händen zu Kugeln formen (ca. 24 Stück), in Kokosraspeln wälzen und auf ein mit Backpapier ausgelegtes Backblech setzen.

4. Die Kokoskugeln im vorgeheizten Backofen bei 180 °C 20 Minuten backen.

INFORMATIONEN und Empfehlungen zu Süßungsmitteln finden Sie ab Seite 10.

AUSTAUSCHTIPP Der Reissirup kann in diesem Rezept (Kokoskugeln) durch die gleiche Menge Vollrohrzucker ersetzt werden. Dazu verwendet man jedoch ZUSÄTZLICH noch 2-3 EL (20-30 g) Wasser.

INFORMATIONEN
und Empfehlungen zu Süßungsmitteln finden Sie ab Seite 10.

Mandelkekse

ZUTATEN

- 250 g Mandelkerne
- 20 Stück Bittermandeln
- 50 g Reismehl
- 150 g Reissirup
- 30 g Rosenwasser

HINWEIS Der Reissirup kann durch die gleiche Menge Vollrohrzucker ersetzt werden. Dazu verwendet man jedoch ZUSÄTZLICH noch 7 EL (70 g) Wasser.

HINWEIS Bittermandeln haben wir nur im Reformhaus bekommen.

ZUBEREITUNG

1. Mandeln und Bittermandeln in eine Schüssel geben, mit kochendem Wasser übergießen und 15 Minuten darin liegen lassen.

2. Das Wasser abgießen, die Mandeln etwas abkühlen lassen, dann häuten. (Häuten der Mandeln siehe Marzipangrundmasse, Seite 90.)

3. Die Mandeln auf einem Backblech verteilen und im vorgeheizten Backofen bei 80-100 °C ca. 30 Minuten trocknen lassen.

4. Die Mandeln anschließend in einer Moulinette o. Ä. fein zerkleinern.

5. Alle Zutaten in eine Rührschüssel geben, mit einem Handrührgerät zu einem homogenen Teig verrühren.

6. Backpapier auf ein Backblech legen.

7. Hände mit Wasser befeuchten. Die Mandelmasse teelöffelweise in den Händen zu ca. 30 Kugeln formen. Die Mandelkekse auf das Backblech setzen.

8. Backblech mit den Mandelkeksen im vorgeheizten Backofen bei 180°C ca. 25 Minuten backen.

Rezept Seite 69 4
Rezept Seite 70 5
Rezept Seite 70 6
Rezept Seite 71 8

Rezept Seite 68 1
Rezept Seite 69 3
Rezept Seite 68 2
Rezept Seite 71 7

Ananaskugeln

Foto Seite 67 1

ZUTATEN

- 100 g getrocknete Ananas
- 175 ml Wasser
- 50 g Kokosmehl
- 50 g Erdmandelflocken
- 20 g Zitronensaft (frisch gepresst)
- 2 Msp Chilipulver
- 1–2 EL Kokosmehl (zum Wälzen der Kugeln)

ZUBEREITUNG

1. Getrocknete Ananas in ein hohes Rührgefäß geben und mit Wasser bedecken. Die Ananas 30-40 Minuten einweichen lassen.

2. Die Ananas mit der Flüssigkeit in einer Moulinette o. Ä. fein zerkleinern. Die Masse in eine Rührschüssel umfüllen, alle weiteren Zutaten (außer dem Kokosmehl zum Wälzen) dazugeben und die Masse mit den Händen zu einer homogenen Masse verarbeiten.

3. Hände mit Wasser befeuchten. Die Ananasmasse teelöffelweise in den Händen zu Kugeln formen (ca. 24 Stück) und in Kokosmehl wälzen.

Haselnusskugeln mit Aprikosen

Foto Seite 66/67 2

ZUTATEN

- 200 g Haselnusskerne
- 150 g getrocknete Aprikosen
- 20 g Zitronensaft (frisch gepresst)
- 1/2 TL Delifrut

AUSTAUSCHTIPP Anstelle von Haselnusskernen können auch Mandelkerne verwendet werden.

ZUBEREITUNG

1. Haselnüsse nach und nach mit den getrockneten Aprikosen in einer Moulinette o. Ä. grob zerkleinern.

2. Die Nuss-Aprikosenmasse in eine Rührschüssel geben und mit den Händen zu einer zusammenhängenden Masse kneten.

3. Die Hände mit Wasser befeuchten. Die Nussmasse teelöffelweise zu Bällchen formen (ca. 20 Stück).

4. Die Bällchen in eine mit Pergamentpapier ausgelegte Dose füllen und kühl stellen.

TIPP Delifrut ist ein Gewürz für Süßspeisen von der *Gewürzmühle Brecht*, das Sie im Reformhaus bekommen können.

Amarant-Mango-Kugeln

Foto Seite 66/67 3

ZUTATEN

- 100 g Mango (getrocknet)
- 100 ml Wasser
- 200 g Mandelkerne
- 8 Stück Bittermandeln
- 20 g Rosenwasser
- 40 g Amarant (gepufft)

ZUBEREITUNG

1. Getrocknete Mango in ein hohes Rührgefäß geben und mit Wasser bedecken. Die Mango 30-40 Minuten einweichen lassen.

2. Die Mango mit der Flüssigkeit in einer Moulinette o. Ä. fein zerkleinern. Die Masse in eine Rührschüssel geben, alle weiteren Zutaten dazugeben und alles mit den Händen zu einer homogenen Masse verarbeiten.

3. Hände mit Wasser befeuchten. Die Mangomasse teelöffelweise in den Händen zu ca. 30 Kugeln formen.

4. Die Amarant-Mango-Kugeln können in einer Dose aufbewahrt werden.

Aprikosenkugeln

Foto Seite 66/67 4

ZUTATEN

- 150 g Aprikosen (getrocknet)
- 100 g Cashewkerne
- 50 g gemahlene Braunhirse
- 50-75 g Zitronensaft (frisch gepresst)
- 1-2 EL gemahlene Braunhirse (zum Wälzen der Kugeln)

ZUBEREITUNG

1. Aprikosen und Cashewkerne zusammen in einer Moulinette o. Ä. nach und nach zerkleinern.

2. Die Masse in eine Rührschüssel geben. Das Braunhirsemehl dazugeben und mit den Händen zu einer geschmeidigen Masse kneten.

3. Nach und nach Zitronensaft dazugeben, bis sich die Masse mit angefeuchteten Händen zu ca. 20 Kugeln formen lässt.

4. Die Kugeln in gemahlener Braunhirse wälzen.

Feigenkugeln mit Cashewkernen

Foto Seite 66 5

ZUTATEN

- 150 g Feigen (getrocknet, ungesüßt und ungeschwefelt)
- 100 g Cashewkerne
- 20 g Zitronensaft (frisch gepresst)
- 10 g Amarant (gepufft)

ZUBEREITUNG

1. Feigen und Cashewnüsse zusammen, nach und nach in einer Moulinette o. Ä. fein zerkleinern.

2. Die Masse in eine Rührschüssel geben.

3. Zitronensaft und gepufften Amarant dazugeben und zu einem zusammenhängenden Kloß kneten.

4. Die Hände mit Wasser befeuchten und die Nussmasse teelöffelweise zu Kugeln formen (ca. 20 Stück).

5. Die Bällchen in eine mit Pergamentpapier ausgelegte Dose füllen und kühl stellen.

Nuss-Gewürzkugeln

Foto Seite 66/67 6

ZUTATEN

- 200 g Cashewkerne
- 100 g Hanfsamen
- 100 g Datteln
- 40 g Carob oder Kakaopulver (entölt)
- 2 Msp Kardamom (gemahlen)
- 2 Msp Zimt (gemahlen)
- 50 g Wasser

ZUBEREITUNG

1. Cashewkerne, Hanfsamen und Datteln nach und nach in einer Moulinette o.Ä. fein zerkleinern und die Masse in eine Rührschüssel geben. Carob, Gewürze und Reissirup hinzufügen und verrühren.

2. Solange Wasser (2 - 4 EL) dazugeben, bis sich die Masse mit befeuchteten Händen zu Kugeln (ca. 20-30 Stück) formen lässt.

TIPP Die verschiedenen Kugeln können in einer Dose einige Tage aufbewahrt werden. Im Kühlschrank gelagert sind die Kugeln natürlich länger haltbar. Das volle Aroma der Kugeln entfaltet sich jedoch am besten bei Zimmertemperatur.

Fruchtkugeln

Foto Seite 67 **7**

ZUTATEN

- 200 g Mandelkerne
- 250 g Mischobst (getrocknet)
- 50 g Zitronensaft (frisch gepresst)
- 1/2-1 TL Kardamom (gemahlen)

TIPP Kardamom gehört neben Vanille und Safran zu den teuersten Gewürzen der Welt, weil die Fruchtkapseln von Hand geerntet werden müssen.

ZUBEREITUNG

1. Mandeln und Mischobst mischen und die Mischung nach und nach in einer Moulinette o. Ä. grob zerkleinern.

2. Die Fruchtmasse in eine Rührschüssel geben.

3. Zitronensaft und Kardamom dazugeben und mit den Händen zu einer homogenen Masse verarbeiten.

4. Hände mit Wasser befeuchten und die Masse teelöffelweise zu Kugeln (ca. 35 Stück) formen.

Nuss-Schokoladenkugeln

Foto Seite 66 **8**

ZUTATEN

- 200 g Studentenfutter
- 100 g Bitterschokolade (vegan und glutenfrei)
- 20 g Kokosfett (ungehärtet)
- 20 g Amarant (gepufft)

ZUBEREITUNG

1. Studentenfutter in einer Moulinette o. Ä. fein zerkleinern.

2. Kuvertüre in kleine Stücke brechen, Kokosfett dazugeben und im Wasserbad oder in einem beschichteten Topf unter Rühren zum Schmelzen bringen.

3. Das zerkleinerte Studentenfutter unter die geschmolzene Schokolade mischen.

4. Die Masse ein wenig abkühlen lassen. Hände mit Wasser befeuchten und die Masse zu Kugeln formen. Die Kugeln in gepufftem Amarant rollen.

Cranberrykonfekt

ZUTATEN

- 200 g Cranberrys (getrocknet)
- 100 g weiße Schokolade (vegan)
- 50 g Kokosfett (ungehärtet)
- 100 g Mandelstifte

ZUBEREITUNG

1. Cranberrys klein schneiden.

2. Schokolade und Kokosfett in einem beschichteten Topf bei niedriger Temperatur schmelzen.

3. Cranberrys und Mandelstifte untermischen.

4. Ca. 30-40 Pralinenförmchen (25 mm Durchmesser) auf einem Tablett aufstellen. Die Cranberrymasse mithilfe von zwei Teelöffeln in die Förmchen füllen.

5. Das Konfekt 1-2 Stunden kühl stellen. Anschließend kann das Konfekt in einer Dose im Kühlschrank aufbewahrt werden.

Mandelkonfekt

ZUTATEN

- 100 g Schokolade (vegan)
- 80 g Kokosfett (ungehärtet)
- 8 Stück Aprikosen (getrocknet und ungeschwefelt)
- 50 g Kokosraspeln
- 100 g gehackte Mandeln

TIPP Das Mandelkonfekt hält sich am besten, wenn es in einer Dose im Kühlschrank aufbewahrt wird.

ZUBEREITUNG

1. Schokolade und Kokosfett in einem beschichten Topf bei niedriger Temperatur schmelzen.

2. Aprikosen klein schneiden und mit den weiteren Zutaten unter die Schokoladenmasse mischen.

3. Ca. 30-40 Pralinenförmchen (25 mm Durchmesser) auf einem Tablett aufstellen.

4. Die Mandelkonfektmasse mithilfe von zwei Teelöffeln in die Förmchen füllen und diese im Kühlschrank mindestens 2 Stunden abkühlen lassen, bis die Schokolade wieder fest geworden ist.

INFORMATIONEN
und Empfehlungen zu Süßungsmitteln finden Sie ab Seite 10.
Cashew-Eis Rezept Seite 76
Pflaumen-Zimt-Kompott Rezept Seite 76

Waffelrezept mit Bananen

und Cashew-Eis oder Pflaumen-Zimt-Kompott

ZUTATEN

- 4 reife, weiche Bio-Bananen
- 200 ml Mandeldrink (Rezept siehe Seite 90)
- 150 g Reissirup
- 250 g Reismehl
- 50 g Reisstärke
- 5 g Weinsteinbackpulver

HINWEIS Für die Waffeln sollte kein Vollrohrzucker verwendet werden, da dadurch der Waffelteig eher im Waffeleisen haften bleibt.

ZUBEREITUNG

1. Bananen in einer Rührschüssel zerdrücken.

2. Alle weiteren Zutaten dazugeben und mit den Rührhaken eines Handrührgerätes zu einem glatten Teig verrühren.

3. Den Teig im vorgeheizten, beschichteten und eingefetteten Waffeleisen bei mittlerer Temperatur langsam ausbacken. Bitte beachten: Verwenden Sie immer ein beschichtetes Waffeleisen, welches Sie für die veganen Waffeln vor jedem Backen etwas einfetten müssen, damit die Waffeln nicht im Waffeleisen anbacken. Trotz Beschichtung würden sich die Waffeln sonst nicht vollständig aus dem Waffeleisen lösen!

GUT ZU WISSEN Die Waffeln sind nicht besonders süß. Da wir zu den Waffeln Eis oder Pflaumenkompott empfehlen, haben wir uns dazu entschieden, die Waffeln weniger zu süßen.

TIPP Die Waffeln sollten sofort warm gegessen werden, da sie bei längerer Lagerung hart und zäh werden können.

Cashew-Eis

ZUTATEN

- 125 g Cashewkerne
- 500 ml Wasser
- 200 g Reissirup oder 100 g Vollrohrzucker
- 2 reife Bio-Bananen
- 1/2 TL Kardamom (gemahlen)

ZUBEREITUNG

1. Cashewkerne und Wasser in ein hohes Gefäß füllen und mit dem Stabmixer fein pürieren. Die Masse durch ein Haarsieb in eine Schüssel laufen lassen.

2. Die geschälten Bananen und den Reissirup dazugeben und alles fein pürieren.

3. Den Cashew-Bananen-Drink in eine Eismaschine geben und bis zur gewünschten Konsistenz in der Eismaschine rühren lassen.

TIPP Falls Sie keine Eismaschine haben, stellen Sie den Cashew-Bananen-Drink in einer Schüssel in den Gefrierschrank und rühren diesen alle 5 Minuten einmal durch, bis die Masse fest geworden ist.

Pflaumen-Zimt-Kompott

ZUTATEN

- 500 g Pflaumen
- 100 ml Wasser oder Apfelsaft (Direktsaft)
- 1/4-1/2 TL Zimt (gemahlen)
- 100 g Reissirup
- 20 g Reis- oder Kartoffelstärke

ZUBEREITUNG

1. Pflaumen waschen, halbieren und den Stein entfernen.

2. Die weiteren Zutaten in einem Kochtopf verrühren, die Pflaumen dazugeben und unter Rühren 10 Minuten köcheln.

3. Den noch warmen Pflaumen-Zimt-Kompott zu den frisch gebackenen Waffeln servieren.

AUSTAUSCHTIPP Der Reissirup kann durch die gleiche Menge Vollrohrzucker ersetzt werden.

Waffelrezept mit Apfelmus

ZUTATEN

- 150 g Apfelmus
- 150 g Reissirup
- 120 ml Mandeldrink (Rezept siehe Seite 90)
- 250 g Reismehl
- 50 g Reis- oder Kartoffelstärke
- 5 g Weinsteinbackpulver

ZUBEREITUNG

1. Alle Zutaten mit einem Handrührgerät zu einem glatten Teig verrühren.

2. Den Teig im vorgeheizten, beschichteten und eingefetteten Waffeleisen bei mittlerer Temperatur langsam ausbacken. Bitte beachten: Verwenden Sie immer ein beschichtetes Waffeleisen, welches Sie für die veganen Waffeln vor jedem Backen etwas einfetten müssen, damit die Waffeln nicht im Waffeleisen anbacken. Trotz Beschichtung würden sich die Waffeln sonst nicht vollständig aus dem Waffeleisen lösen!

i

INFORMATIONEN und Empfehlungen zu Süßungsmitteln finden Sie ab Seite 10.

GUT ZU WISSEN Die Waffeln sind nicht besonders süß. Da wir zu den Waffeln Eis oder Pflaumenkompott empfehlen, haben wir uns dazu entschieden, die Waffeln weniger zu süßen. Falls Sie die Waffeln etwas süßer wünschen, verwenden Sie einfach etwas mehr Reissirup.

Apfelmus

ZUTATEN

- 4 Äpfel
- 40 g Wasser
- 20 g Zitronensaft (frisch gepresst)
- ggf. 20-40 g Reissirup

ZUBEREITUNG

1. Äpfel waschen, schälen, vierteln und das Kerngehäuse entfernen. Die Äpfel mit 4 EL Wasser und Zitronensaft bei niedriger Temperatur dünsten, bis sie zerfallen.

2. Die gekochten Äpfel mit einem Stabmixer pürieren und ggf. mit Reissirup süßen.

Süße Pfannkuchen

mit Mandelcreme und Erdbeeren

ZUTATEN

Für die Pfannkuchen:

- 250 g Reismehl
- 500 ml Mineralwasser
- 80-100 g Reissirup
- 1 Prise Meer- oder Himalajasalz

- Kokosfett zum Backen der Pfannkuchen

Für die Mandelcreme:

- 100 g blanchierte Mandeln
- 150 ml Wasser
- 50 g Reissirup
- 1 Msp Bourbon-Vanille (gemahlen)
- 1 Msp Kardamom (gemahlen)
- 3 g Johannisbrotkernmehl
- 10 g Nussöl (Walnuss-, Haselnuss- oder Mandelöl)

Für die Erdbeeren:

- 500 g Erdbeeren
- ggf. Reissirup

ZUBEREITUNG PFANNKUCHEN

1. Reismehl und Mineralwasser sowie Reissirup und Salz in einer Rührschüssel mit einem Handrührgerät zu einem homogenen Teig verrühren.

2. Den Teig 20 Minuten quellen lassen. Während dieser Zeit die Mandelcreme und die Erdbeeren vorbereiten.

3. Kokosfett in einer Pfanne erhitzen. Pro Pfannkuchen eine Suppenkelle Teig in die Pfanne geben. Pfannkuchen nach und nach bei mittlerer Temperatur von jeder Seite goldgelb backen.

4. Die Pfannkuchen im Backofen bei 50-80 °C warm stellen.

5. Die Pfannkuchen mit Mandelcreme bestreichen und mit Erdbeeren belegen.

ZUBEREITUNG MANDELCREME

6. Die Mandeln in einer Moulinette o. ä. fein zerkleinern.

7. Mandelmehl mit den weiteren Zutaten in eine hohe Rührschüssel geben und mit einem Stabmixer pürieren.

ZUBEREITUNG ERDBEEREN

8. Die Erdbeeren waschen, Stielansatz herausschneiden und ggf. halbieren.

9. Für mehr Süße noch etwas Reissirup zu den Erdbeeren geben.

Erdbeereis Rezept Seite 88

INFORMATIONEN
und Empfehlungen zu Süßungsmitteln finden Sie ab Seite 10.

INFORMATIONEN und Empfehlungen zu Süßungsmitteln finden Sie ab Seite 10.

Zitronensorbet Rezept Seite 88

GUT ZU WISSEN Bei der Herstellung des Mandelpuddings sollte wegen der Optik ausschließlich Reissirup verwendet werden. Bei Verwendung von Vollrohrzucker verliert der Pudding seine schöne weiße Farbe.

GUT ZU WISSEN Beim Kauf von gefrorenen Früchten darauf achten, dass diese ungezuckert sind.

Süße Schichten im Glas

ZUTATEN

Für den Mandelpudding:

- 100 g blanchierte Mandeln
- 300 ml Wasser
- 50 g Reissirup
- 1 Msp Bourbon-Vanille (gemahlen)
- 3 g Johannisbrotkernmehl

Für die Mandelblättchen:

- 50 g Mandelblättchen
- 30 g Reissirup

Für die Früchte:

- 200-250 g Beerenfrüchte (tiefgefroren, ungezuckert)

AUSTAUSCHTIPP Anstelle von gefrorenen Früchten können natürlich auch frische Früchte der Saison verwendet werden. Die halbgefrorenen Früchte machen das Dessert jedoch geschmacklich besonders.

ZUBEREITUNG MANDELPUDDING

1. Mandeln in einer Moulinette o. Ä. fein zerkleinern.

2. Das Mandelmehl mit Wasser sowie Reissirup, Vanille und Johannisbrotkernmehl in einem kleinen beschichteten Kochtopf verrühren. Alles unter Rühren aufkochen und 3 Minuten köcheln lassen.

3. Den Pudding in vier Gläser füllen.

ZUBEREITUNG KARAMELLISIERTE MANDELBLÄTTCHEN

4. Mandelblättchen in einer trockenen, beschichteten Pfanne bei mittlerer Hitze goldgelb rösten und den Reissirup einrühren.

5. Die Mandelblättchen gleichmäßig auf der Mandelpuddingschicht in den vier Gläsern verteilen.

6. Die gefrorenen Früchte auf den Mandelblättchen verteilen, die Früchte antauen lassen und servieren.

TIPP Wenn Sie die Schichten direkt in ein verschließbares Glas füllen, dann können Sie den Nachtisch auch für unterwegs mitnehmen.

TIPP Die Grütze passt auch gut zu Waffeln oder Eis.

INFORMATIONEN und Empfehlungen zu Süßungsmitteln finden Sie ab Seite 10.

Vanilleeis Rezept Seite 89

Süßer Kokostraum mit Ananas

ZUTATEN

- 1 Bio-Ananas (frisch)
- 400 ml Kokosmilch (aus der Dose)
- 400 ml Wasser
- 100 g Kokosmehl
- 40 g Reisstärke
- 200 g Reissirup
- 50-100 g Zartbitter-Schokolade (oder andere vegane Schokolade)

ANSTELLE der Schokolade können auch 2 EL Kokosflocken geröstet oder ungeröstet auf den Ananasstücken verteilt werden.

ZUBEREITUNG

1. Strunk und Blattansatz der Ananas abschneiden. Je nach benötigter Menge die Ananas halbieren oder vierteln und die Schale sowie den in der Mitte liegenden Strunk entfernen. Die Ananas in kleine Stücke schneiden.

2. Kokosmilch und Wasser sowie Kokosmehl und Reisstärke in einem Kochtopf mit einem Schneebesen verrühren.

3. Die Kokosflüssigkeit unter ständigem Rühren aufkochen und 2 Minuten köcheln lassen.

4. Die heiße Kokoscreme sofort in mehrere Gläser oder eine Schüssel geben und abkühlen lassen.

5. Ananasstücke auf der abgekühlten Kokoscreme verteilen.

6. Schokolade im Wasserbad schmelzen und die geschmolzene Schokolade sofort auf den Ananasstücken verteilen.

Rote Grütze

ZUTATEN

- 500 ml Apfelsaft (naturtrüb)
- 40 g Reisstärke
- 100 g Reissirup
- 300 g Beerenfrüchte (tiefgekühlt und ungesüßt)

ZUBEREITUNG

1. Apfelsaft, Reisstärke und Reissirup in einem Kochtopf mit einem Schneebesen zu einer glatten Flüssigkeit verrühren.

2. Die gefrorenen Früchte dazugeben, aufkochen und 2-3 Minuten köcheln lassen.

INFORMATIONEN
und Empfehlungen zu Süßungsmitteln finden Sie ab Seite 10.

Süßer Milchreis mit frischem Obst

ZUTATEN

Für das Obst:

- 500 g Erdbeeren
- 150 g Himbeeren
- 200 g Heidelbeeren
- 50 g Reissirup

Für den Milchreis:

- 200 g Milchreis
- 600 ml Mandeldrink (Rezept siehe Seite 90)
- 50 g Reissirup
- 2 Msp Bourbon-Vanille (gemahlen)

ZUBEREITUNG OBST

1. Erdbeeren putzen, halbieren und in eine Schüssel geben.
2. Himbeeren sowie Heidelbeeren waschen und mit Reissirup zu den Erdbeeren geben.
3. Alles mischen.

ZUBEREITUNG MILCHREIS

4. Milchreis waschen, mit den weiteren Zutaten in einen beschichteten Kochtopf geben und unter Rühren 20 Minuten köcheln lassen.
5. Den noch heißen Reis portionsweise in Müslischalen füllen und mit dem Obst servieren.

Schokopudding mit Zitronensoße

ZUTATEN

Für den Schokopudding:

- 500 ml Mandeldrink (Rezept siehe Seite 90)
- 20 g Carob oder Kakaopulver (entölt)
- 100 g Reissirup
- 40 g Reismehl

Für die Zitronensoße:

- 100 ml Zitronensaft (frisch gepresst)
- 100 g Mandelmus (weiß)
- 100 g Reissirup

ZUBEREITUNG SCHOKOPUDDING

1. Alle Zutaten in einem Kochtopf mit einem Schneebesen oder einem Stabmixer glatt rühren, anschließend aufkochen lassen und in Glas- oder Porzellanschälchen umfüllen.
2. Den Schokopudding abkühlen lassen.

ZUBEREITUNG ZITRONENSOSSE

3. Zitronensaft, Mandelmus und Reissirup verrühren.
4. Die Zitronensoße zum Schokopudding servieren.

Pannacotta mit Himbeersoße

ZUTATEN

Für die Pannacotta:

- 150 g Cashewkerne
- 500 ml Wasser
- 150 g Reissirup
- ½-1 TL Bourbon-Vanille (gemahlen)
- 4 g Agar-Agar

Für die Himbeersoße:

- 250 g Himbeeren (tiefgekühlt)
- 75 g Reissirup
- 50 g Wasser
- 20 g Zitronensaft (frisch gepresst)

AUSTAUSCHTIPP Anstelle der Himbeersoße können zur Pannacotta auch frische Himbeeren serviert werden, die mit Reissirup beträufelt werden.

ZUBEREITUNG PANNACOTTA

1. Cashewkerne in einer Moulinette o. Ä. sehr fein zerkleinern und in einen Kochtopf geben.

2. Die weiteren Zutaten dazugeben und unter Rühren 2 Minuten kochen.

3. Die noch heiße Flüssigkeit in kleine Gläser füllen und abkühlen lassen.

4. Die Gläser anschließend bis zum vollständigen Erkalten kühl stellen.

5. Die Pannacotta auf Teller stürzen.

ZUBEREITUNG HIMBEERSOSSE

6. Himbeeren auftauen lassen und anschließend zusammen mit den übrigen Zutaten mit einem Stabmixer pürieren.

7. Die Himbeersoße zur Pannacotta servieren.

TIPP ZUR VARIATION Geben Sie in vier Gläser jeweils 1–2 Mandelkekse (s. S. 65). Füllen Sie die Pannacotta nach dem Kochen in die Gläser und lassen Sie sie darin abkühlen. Danach füllen Sie frische Himbeeren oder die Himbeersoße auf die Pannacotta. Auf die Himbeeren oder die abgekühlte Himbeersoße können Sie noch einen Mandelkeks setzen.

BITTE BEACHTEN Bei der Herstellung von Pannacotta sollte der Reissirup NICHT durch Vollrohrzucker ersetzt werden. Die schöne helle Farbe der Pannacotta würde verlorengehen.

INFORMATIONEN
und Empfehlungen zu Süßungsmitteln finden Sie ab Seite 10.

Zitronensorbet

ZUTATEN

- 2 Bio-Zitronen
- 250 ml Wasser
- 200 g Reissirup
- 200 ml Zitronensaft (frisch gepresst)
- 50 g Mandelmus (weiß)
- 1 Msp Bourbon-Vanille (gemahlen)

i

INFORMATIONEN und Empfehlungen zu Süßungsmitteln finden Sie ab Seite 10.

ZUBEREITUNG

1. Zitronen gründlich mit heißem Wasser waschen und auf einer feinen Reibe ringsherum die äußere Schale abreiben. (Ergibt ca. 2 EL Zitronenabrieb.) Dann die Zitronen halbieren und auf einer Zitruspresse entsaften.

2. Die abgeriebene Zitronenschale mit allen weiteren Zutaten in einer Rührschüssel verrühren.

3. Die Flüssigkeit in einer Eismaschine bis zur gewünschten Konsistenz rühren lassen.

TIPP Zitronensorbet schmeckt sehr gut in Zitronenwasser serviert.

Erdbeereis

ZUTATEN

- 500 g Erdbeeren
- 150 ml Wasser
- 200 g Reissirup
- 1 Msp Bourbon-Vanille (gemahlen)

ZUBEREITUNG

1. Erdbeeren waschen, putzen, klein schneiden und in eine Rührschüssel geben.

2. Alle weiteren Zutaten hinzufügen und mit einem Stabmixer fein pürieren.

3. Die Flüssigkeit in einer Eismaschine bis zur gewünschten Konsistenz rühren lassen.

Schokoeis

ZUTATEN

- 100 g Schokolade (85 % Kakao, vegan)
- 60 g Mandelmus (weiß)
- 500 ml Wasser
- 200 g Reissirup
- 1/2 TL Kardamom (gemahlen)

TIPP Delifrut ist ein Gewürz für Süßspeisen von der *Gewürzmühle Brecht*, das Sie im Reformhaus bekommen können.

ZUBEREITUNG

1. Vegane Schokolade im Wasserbad schmelzen. Die Schokoladenmasse in eine Rührschüssel umfüllen , alle weiteren Zutaten dazugeben und mit einem Stabmixer verquirlen.

2. Die Flüssigkeit abkühlen lassen. Die Masse im Kühlschrank vollständig auskühlen lassen.

3. Die kalte Schokoladenmasse in eine Eismaschine geben und bis zur gewünschten Konsistenz rühren lassen.

TIPP Um das Schokoladeneis schneller fertigstellen zu können, sollte die Schokadenmasse schon einen Tag vor geplanter Verwendung zubereitet werden.

Vanilleeis

ZUTATEN

- 200 g Reissirup
- 150 g Mandelmus (weiß)
- 25 g Macadamianussöl (oder ein anderes Nussöl)
- 1/2 TL Bourbon-Vanille (gemahlen)
- 500 ml Wasser

ZUBEREITUNG

1. Alle Zutaten in eine hohe Rührschüssel geben und mit dem Stabmixer verquirlen. Die Flüssigkeit in eine Eismaschine geben und bis zur gewünschten Konsistenz rühren lassen.

TIPP Falls Sie keine Eismaschine zur Verfügung haben, stellen Sie die Vanille- oder Schokoladenmasse in den Gefrierschrank und rühren sie alle 20 Minuten einmal durch, bis die Masse fest geworden ist.

Marzipangrundmasse

ZUTATEN

- 250 g Mandelkerne
- 10 Stück Bittermandeln
- 100 g Reissirup
- 30 g Rosenwasser

AUSTAUSCHTIPP Anstelle von Reissirup kann für die Marzipangrundmasse auch 100 g Vollrohrzucker verwendet werden.

TIPP Blanchierte Mandeln sollte man immer vorrätig haben. Um sie lagern zu können, müssen sie allerdings nach dem Häuten vollkommen getrocknet sein.

ZUBEREITUNG

1. Mandeln und Bittermandeln in eine Schüssel geben, mit kochendem Wasser übergießen und 15 Minuten darin liegen lassen.

2. Das Wasser abgießen, die Mandeln etwas abkühlen lassen und sie dann häuten. Zum Häuten jeweils eine Mandel zwischen Daumen und Zeigefinger nehmen und den Kern aus der Mandelhaut drücken. Löst sich die Mandelhaut schlecht von den Mandeln, den unter Punkt 1 beschriebenen Vorgang noch einmal wiederholen.

3. Die Mandeln auf einem Backblech verteilen und im vorgeheizten Backofen bei 80-100 °C mindestens 30 Minuten trocknen lassen.

4. Die Mandeln anschließend in einer Moulinette o. Ä. fein zerkleinern und das Mandelmehl in eine kleine Rührschüssel geben. Reissirup und Rosenwasser dazugeben und alles miteinander verkneten.

GUT ZU WISSEN Durch die Verwendung von Reissirup wird das Marzipan weicher als durch die Verwendung von Vollrohrzucker. Die Beschaffenheit hat keinen Einfluss auf die weitere Verarbeitung.

Mandeldrink

ZUTATEN

- 100 g blanchierte Mandeln
- 1 l Wasser

TIPP Blanchierte Mandeln können selbst hergestellt werden, indem man die Mandelkerne häutet.

ZUBEREITUNG

Mandeln in einer Moulinette o. Ä. fein zerkleinern. Mandelmehl und Wasser in einem Kochtopf mit einem Schneebesen verquirlen und unter Rühren aufkochen lassen. Für den späteren Gebrauch den heißen Mandeldrink in gereinigte Schraubgläser füllen und sofort verschließen. So ist der Drink mehrere Tage im Kühlschrank haltbar.

HINWEIS: Um den Mandeldrink noch etwas feiner zu bekommen, kann dieser nach dem Kochen durch ein Haarsieb gefiltert werden. Die festen Bestandteile bleiben so im Sieb.

Impressum

Vegetarisch Pur. Vegan backen.
Kuchen & Süßes mit Reissirup,
sojafrei, glutenfrei, weizenfrei.

www.verlag-neuedimensionen.de
E-Mail: info@verlag-neuedimensionen.de

Autorin: Renate Kerner
Rezeptentwicklung: Birgit Wäschenbach
Layout & Fotos: Matthias Hensel, www.hensel-marketing.de
Korrektorat: Andrea Jung
Druck: Stürtz GmbH Druck- und Mediendienstleistungen

ISBN 978-3-941580-40-4
1. Auflage

FSC www.fsc.org MIX Papier aus verantwortungsvollen Quellen FSC® C043954

Für die Fotos in diesem Backbuch wurden alle Backwaren und Süßspeisen nach den vorliegenden Rezepten von der Rezeptentwicklerin Birgit Wäschenbach zubereitet.

Danke!

Herzlichen Dank an alle Menschen, die dazu beigetragen haben, dass dieses Backbuch entstehen konnte.

Bei Pina möchte ich mich für das schöne „Kochwerte-Herz" bedanken.

Matthias gebührt mein spezieller Dank, weil er es neben vielen anderen Projekten geschafft hat, dieses Backbuch für die Druckerei vorzubereiten. Danke für Deine Unterstützung in allen Bereichen, für das geschmackvolle Layout und die wunderschönen Bilder!

Ein großer Dank geht natürlich an Birgit, die alle Rezepte für Kochwerte entwickelt. Sie hat auch dieses Backbuch mit Leib und Seele zum Leben erweckt. Mit der für sie typischen Leidenschaft für gute Zutaten und funktionierende Rezepte hat sie wieder einmal so lange getüftelt und verfeinert, bis Handhabung und Ergebnis immer optimal waren. Danke für das Durchhaltevermögen, den Einsatz und deinen guten Geschmack. Deine Ideen und die für jeden nachvollziehbaren Anleitungen und Fotos machen dieses Buch zu dem, was es ist: ein echtes Juwel für alle Liebhaber von Kuchen, Desserts und anderen Süßspeisen!

Renate Kerner, Verlegerin

www.kochwerte.de

+++ Online-Magazin +++ Rezepte +++ Bücher +++

Gutes essen, besser leben – Das Motto der Kochwerte

Wir möchten Anregungen geben für gesunde Ernährung, die ein aktives Leben ermöglicht. Besonders interessieren uns die Bedürfnisse von Vegetariern, Veganern und Menschen, die glutenfrei leben – aber auch jeder andere, der die vollwertige und natürliche Küche schätzt, ist herzlich willkommen.

Unter dem Label „Kochwerte“ halten wir für Sie ein umfangreiches Programm bereit. Qualität, Natürlichkeit, Wertschätzung schreiben wir dabei groß. Das gilt für alles, was wir machen: für die Magazintexte im Blog genauso wie für unsere glutenfrei-vegetarischen Kochbücher.

Um sich VEGETARISCH PUR zu ernähren, bieten wir Ihnen in unserem Kochbuch (ISBN 978-3-941580-80-0) einen definierten Vorrat an, der es Ihnen ermöglicht, alle für die vorliegenden Rezepte benötigten haltbaren Zutaten vorrätig zu haben.

Um auch den Einkauf für die Vegetarisch-Pur-Ernährungsweise einfach zu gestalten, haben wir für Sie eine Einkaufshilfe mit den dazugehörigen Herstellerangaben zusammengestellt. Die Einkaufshilfe bietet auch für das Backbuch die Herstellerangaben für alle Zutaten. Auf unserer Webseite finden Sie unter dem Button "Downloads" eine Datei für beide Vegetarisch-Pur-Bücher.

Klicken Sie rein und schauen Sie sich in aller Ruhe um.
Wir freuen uns auf Sie!

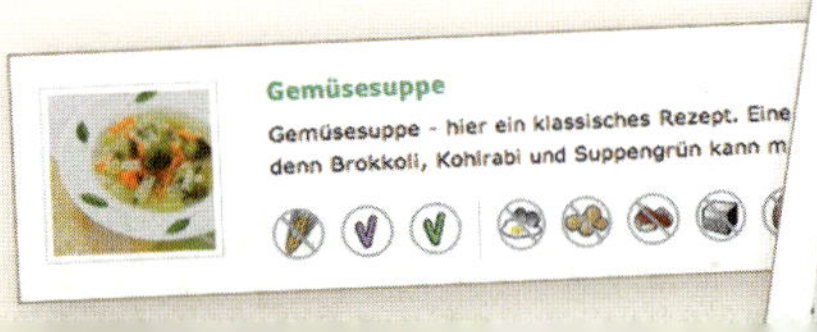